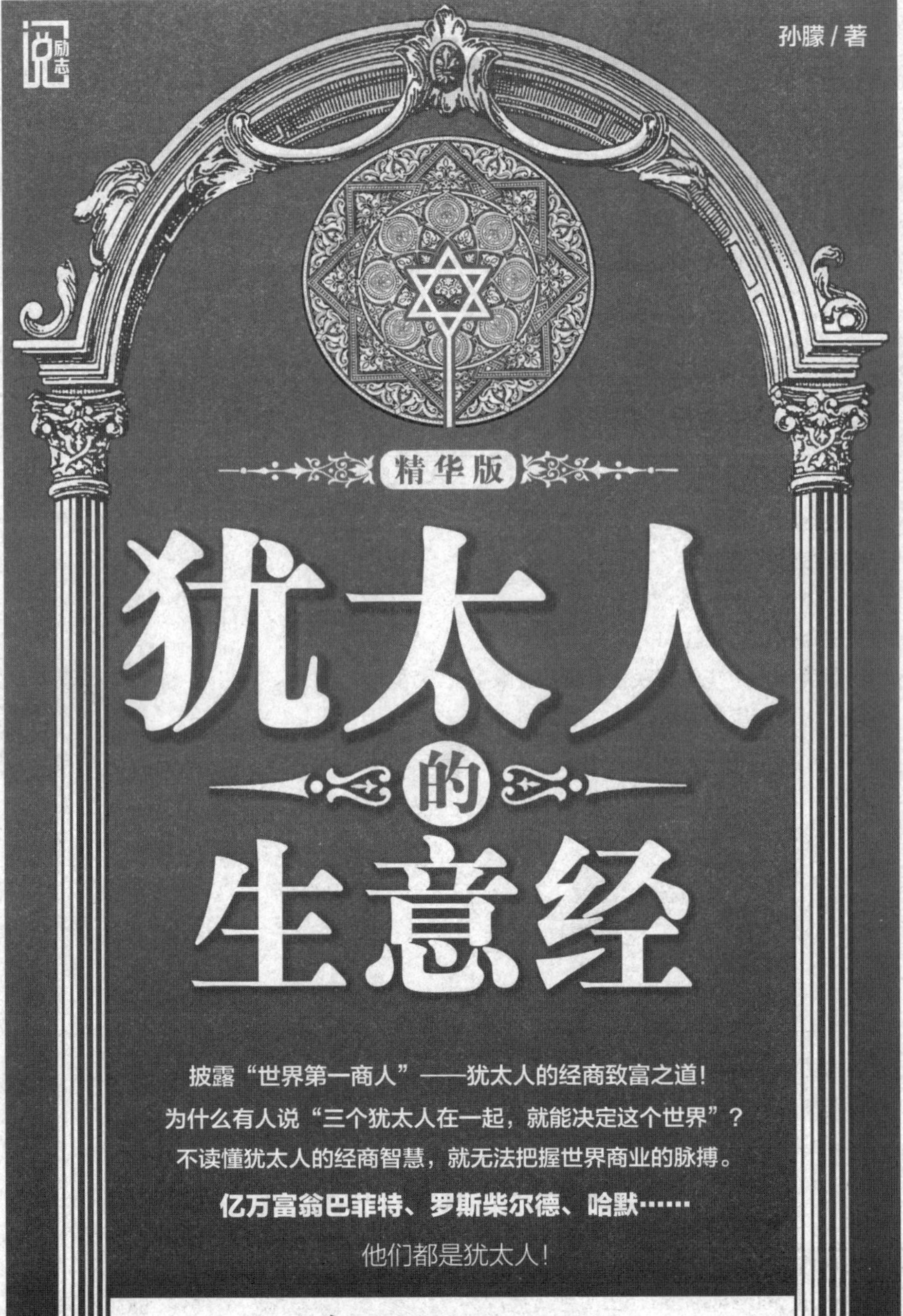
说励志
孙朦 / 著
精华版
犹太人的生意经
披露“世界第一商人”——犹太人的经商致富之道！
为什么有人说“三个犹太人在一起，就能决定这个世界”？
不读懂犹太人的经商智慧，就无法把握世界商业的脉搏。
亿万富翁巴菲特、罗斯柴尔德、哈默……
他们都是犹太人！
中华工商联合出版社

图书在版编目（CIP）数据

犹太人的生意经 ：精华版/孙朦著. --北京：中华工商联合出版社，2016.7(2021.7重印)

ISBN 978-7-5158-1708-8

Ⅰ.①犹… Ⅱ.①孙… Ⅲ.①犹太人-商业经营-经验 Ⅳ.①F715

中国版本图书馆CIP数据核字（2016）第142524号

犹太人的生意经：精华版

作　　者：孙　朦
责任编辑：郑承运　李　瑛
封面设计：吕丽梅
责任审读：李　征
责任印制：迈致红
出版发行：中华工商联合出版社有限责任公司
印　　刷：唐山富达印务有限公司
版　　次：2016年10月第1版
印　　次：2021年7月第6次印刷
开　　本：710mm × 1000mm　1/16
字　　数：260千字
印　　张：16
书　　号：ISBN 978-7-5158-1708-8
定　　价：78.00元

服务热线：010-58301130
销售热线：010-58302813
地址邮编：北京市西城区西环广场A座19-20层，100044
http：//www.chgslcbs.cn
E-mail：cicap1202@sina.com（营销中心）
E-mail：gslzbs@sina.com（总编室）

PREFACE 序

犹太民族是世界上最聪明、最神秘、最富有的民族之一，而犹太商人也以其独特的经营技巧摘取了“世界第一商人”的桂冠。

据统计，美籍犹太人在全美人口中仅占2%，但每年的《财富》杂志评选出的美国超级富豪，有20%左右是犹太人。如果仅限于前40名，那么实际上有40%是犹太人。从更广的范围来看，全世界最有钱的人当中，犹太人占了一半。

难怪有人说：“世界的财富在犹太人的口袋里，犹太人的财富在自己的脑袋里。”

对于犹太人来说，生活在这个世界上，赚钱是最重要的事。犹太人中涌现出了大批世界级的企业家，如石油王国的巨子、传媒帝国的巨擘、华尔街的天才精英、好莱坞的娱乐大亨等，甚至全世界的银行业都会因为犹太商人的介入而受到影响。

总之，犹太人经商的事业，越来越引起世界的关注。在西方，他们以其独特的经商策略，积聚了亿万之财；在东方，他们又以其非凡的才智，在各个领域标新立异。

那么，犹太人获得巨大成功的原因何在呢？

通过本书，我们可以清晰地看到犹太人在投资创业、选择目标、广告营销、商场谈判、信守契约等方面表现出的出神入化的智慧，以及他们是如何在商战中占得先机、赢得利润的，又是如何在经营之路上建立起自己的商业霸权的。

如果您希望做一名成功的商人，那么请翻开本书，细细地品味其中的奥秘，去开启财富的大门吧！

C O N T E N T S 目录

第一章 谋钱策略：钱从智慧中来

第二章 算钱策略：把钱的观念记在心里

目录 CONTENTS

第三章
挣钱策略：擅长把机会变成财富

第四章
赢钱策略：让别人从口袋里自愿掏钱

目录 CONTENTS

第一章

谋钱策略：钱从智慧中来

抓住赚钱的机遇

➡ 抓住好东西，无论它多么微不足道；伸手把它抓住，不要让它溜掉。

安德烈·迈耶本来是一个生活艰辛的巴黎印刷推销员的儿子，为了养家糊口，1914年他16岁时离开学校，成为巴黎证券交易所的一名送信员。这年夏天，迈耶撞上了他的第一次好运。他的姐夫受雇于巴黎的一家小银行——鲍尔父子银行。第一次世界大战爆发后，他的姐夫应征入伍了，迈耶趁机申请并接替了姐夫的职位。这不仅使他从此闯入了银行界，而且由于战争造成的金融人员大量流失，使他在16岁时就得以自由地学习这个行业中的知识。很快，鲍尔父子银行有个精明的年轻人的消息就传播开来了。

1925年，拉扎尔兄弟银行的老板大卫·韦尔看上了安德烈·迈耶，他认为迈耶是个可造之才。这年，迈耶27岁。大卫·韦尔问他，是否愿意加入拉扎尔兄弟银行。迈耶很感兴趣，但他有一个问题：我多久才能成为合伙人？大卫·韦尔未明确回答，迈耶也就婉拒了他的邀请。

一年后，大卫·韦尔重提此事，并提出一个建议：迈耶可以有一年的试用期，如果他的表现出色，那么一年后迈耶就可以成为合伙人。反之，迈耶就得离开拉扎尔兄弟银行。这次迈耶立即接受了。

1927年，迈耶如愿以偿地成为拉扎尔兄弟银行的合伙人。但是，迈耶并没有满足于这个成就，他的追求是想成为一名真正意义上的银行家：为公司出谋划策，安排交易，筹措款项，同时为银行寻找有利可图的投资机会。迈耶认为这种意义上的银行业务才是作为一个银行家的主要活动。

1928年，迈耶的机遇来了——拉扎尔兄弟银行在这年成为雪铁龙汽车公司的主要股份持有者。当时，雪铁龙公司首次向法国汽车工业引进了赊销汽车的办法，这种办法是通过雪铁龙公司的一家子公司——索瓦克赊销汽车公司来实施的。

但是，雪铁龙公司的老板只把"索瓦克"当作他的汽车促销工具，而迈耶马上想到了"索瓦克"的更多用途，比如赊销家用器具，甚至房产，他建议由拉扎尔兄弟银行联合另外两家银行买下"索瓦克"，把它变成一个业务范围宽广的消费品赊销公司。"索瓦克"的转手，使雪铁龙公司不必再为开办这家公司提供资金，这对于资金来源相当吃紧的雪铁龙公司来说，是备受欢迎之举。

在而立之年，迈耶成功地策划了他的第一笔大买卖。

迈耶四处活动，他眼界挺高，找到了两家强有力的合伙者，一家是商业投资托拉斯，当时全美最大的消费品赊销公司之一。另一家是摩根公司，世界上最负盛名的私人银行。他们每家都答应购买1/3的股份。

合作伙伴找到了，接下来就是寻求使用"索瓦克"作为其销售机构的商业客户，他几乎立刻就与著名的电器制造公司凯尔文·耐特签订了合同。"索瓦克"开始运转，它给投资者带来了持续不断的滚滚利润，即使在经济大萧条时期依然如此。时至今日，它仍财源不断，实力强大。

通过"索瓦克"的成功，金融界都知道了迈耶是一个成熟的银行家，他不仅能提出一个宏大的构想，而且还表现出了使这个构想得以实现的决心……

由此看来，“命运”与“机遇”的含义的确是大不相同的，“命运”讲的是先天的决定与后天的选择之间的关系，以及由于两者的关系所造成的不同的人生状态。“机遇”讲的是选择，是对自己人生道路的把握。运气是偶然的，谁能抓住这撞上门来的“机遇”，就不是偶然的了。机遇只青睐那些有准备的人、那些有抱负的人、那些有超常耐力的人。因此，机遇又是自己争来的，安德烈·迈耶的成功正说明了这一点。

根据自己所处的环境、自己所具备的条件和优势，对自己人生的理智设计及运作，这就是“机遇”的内涵。你选择得准确，把握得及时，设计和运作得当，你就会获得成功；如果这种选择、设计和把握恰好跟上了时代的潮流，跟上了市场的发展，那就是你的运气来了。我们常说，“运气来了，挡都挡不住”，说的大概就是这种情况。

伯纳德·巴鲁克是著名的美国犹太实业家、政治家和哲人，二十多岁就已经成为知名的百万富翁。同时，他在政坛上也呼风唤雨。1916年，他被美国总统威尔逊任命为国防委员会顾问和原材料、矿物和金属管理委员会主席，时隔不久又被任命为军火工业委员会主席。

1946年，巴鲁克的政绩又跃上一个新台阶，他有幸成为美国驻联合国原子能委员会的代表。这一年，他提出了建立一个控制原子能的使用和检查所有原子能设施的国际权威的著名计划——“巴鲁克计划”。

和大多数犹太商人一样，巴鲁克在创业伊始也历尽千辛万苦。正是因为他拥有一双善于发现事物之间联系的眼睛，在常人看来是风马牛不相及的事情，巴鲁克却能发现它们之间存在的联系，并从这种联系中找到属于自己的生意机会。

1899年，即巴鲁克28岁那年的7月3日晚上，巴鲁克在家里忽然听到广播里传来消息说，美国海军在圣地亚哥将西班牙舰队消灭，这意味着持续很久的美西战争即将告一段落。

7月3日，这天正好是星期日，第二天即7月4日，也就是星期一，一般来说，证券交易所在星期一不营业，但私人的交易所则依旧工作。巴鲁克马上意识到，如果他能在黎明前赶到私人交易所买进股票，那么就能大赚一笔。

在19世纪末，唯一适合跑长途的交通工具只有火车，但火车晚上不运行。在这种让人干着急的情况下，巴鲁克在火车站个人承包了一列专车，火速赶到私人交易所，做了几笔让人羡慕的股票生意。

不敢冒险的人就没有福气接受命运恩赐的财富。犹太人是天生的冒险家，他们在危险中自由地畅行，获得了巨大的成功。冒险意味着犹太人在任何时候都喜欢主动出击，不让自己陷入被动的局面。他们在商场中投机屡屡成功，这要归功于他们对机遇的大胆把握。

商业领域从来不是平静的港湾，那些不敢冒险、不善于冒险的人，即使命运给了他们成为富翁的机会，他们也不敢接受，这也是他们缺乏商业素质的表现。

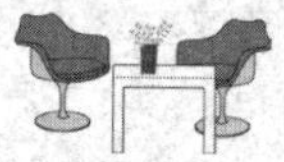

金钱仿佛灿烂的阳光

➡ 金钱是唯一的阳光，它照到哪里，哪里就发光。

人们都在问，犹太人的生命力为什么会如此顽强，历经劫难而不灭亡？有人认为，答案或许就是一个字：钱。

犹太人认为，钱不过是交易时的一种符号和媒介，我们看见、触摸到的只是钱的暂存形式，并不是钱本身，钱的最纯粹形式是信用，它在银行存取、转账的过程中存在，但谁也没见过信用长什么模样。况且，钱并不就等于财富，黄金也好，钻石也好，都只是代表财富的原始形式而已。

在很多人眼中，纸币才能算是真正的钱。事实上，纸币只是一种信用符号，对纸币的认可，其实是对某个发行纸币的国家信用的肯定。例如你买美元，事实上是买对美国发行美元能力的肯定；而你拿美元去消费或交易，人家会收美元，也代表人家相信你手上拿的美元纸钞，可以得到美国政府的肯定和保证，可以换取等值的物品或其他货币，而不只是一张纸。

这样的观念或许令人大感意外，其实，这种意外只能证明：那些感到意外的人，尚未达到犹太人看待钱的那种超然的境界。

在著名的犹太银行家中，伦敦的哈姆勒、纽约的贝尔蒙特、柏林的布莱希罗德都信奉了基督教；北美获利最大的出版商——纽豪斯报馆的所有人塞缪尔·纽豪斯，只聘用非犹太人的编辑或发行人员；甚至那些已经在全美知名大学中获得学术地位的犹太人学者，也有许多人已不再把自己视为犹太人了。

然而，世人仍把他们都视为犹太人，而且根本不理他们的宗教信仰是否发生过变化。相反，或许从这种为争取成功，而不惜牺牲其他价值的行为上，人们找到了界定犹太人的标准。

这意味着，在生物学基因不足以界定犹太人的民族身份，甚至是宗教信仰也不足以界定犹太人的文化身份，而必须从他如何追求成功，如何对待金钱的态度上去认定。

自从犹太人大规模流亡以来，尽管从绝对数量上说，犹太人普遍与一般民众一样，较多地从事农工畜牧的生产活动，但作为寄居城市的独特生存群体，犹太民族始终保持着商人民族的身份。

当然，这是有着特定历史背景的。在相似的社会条件下，如亡国或受迫害等，生存下来的民族，决不仅仅是犹太民族一个，但唯有这个民族走上了专业商人民族的道路，而且还极其顺利，尽管屡遭驱逐甚至杀戮，被一再剥夺得两手空空，但只要有机会，犹太人就可以通过商业活动，或任何和钱打交道的活动迅速崛起，在繁荣当地经济的同时，自己也富裕起来。

犹太人就像沙漠中一颗晒干的种子，只要一场小雨，马上就会萌芽而茁壮成长起来。甚至可以打比方说，如果一个地方的商业就像一颗晒干的种子，只要犹太人的春雨一到，马上就会繁茂起来。中世纪欧洲各国就是借犹太人的力量来发展商业，尤其是法国，竟在200年中六次招徕犹太人又六次驱逐犹太人，犹太人简直成了他们发展本国商业招之即来，挥之即去的提款机。

从这个层面来看，我们可以发现犹太人能够生存下来的关键：只要有钱流通的地方，就自然地需要犹太人，大家少不了他们，因为大家都需要他们的财富。

无论从哪个角度来说，金钱都是人生不可或缺的一部分。对于生存来说，它是必不可少的；对于精神的追求，可以凭借它成就大事，是人们成功的标志。

钱，没有高低贵贱之分

➡ 金钱平等，因此，人格平等；怀有赚大钱的欲望是好的。金钱对于任何人来说，都是平等的，它没有高低贵贱的差别。

有一位演讲者在一个公开的场合演讲。为了证明人在任何时候都要看得起自己，他拿起了50美元纸币，高举过头顶。

“看，这是50美元，全新的50美元。有谁想要？”他高声问道。结果所有的人都举起了手。

然后，他把这张纸币在手里揉了揉，纸币变得皱巴巴的了，然后又问观众：“现在还有人想要这50美元吗？”

所有的人又举起了手。

他把这张纸币放在地上，用脚狠狠地踩了几下，纸钞已经变得又脏又烂了。他又拿起这张纸币问：“现在还有人想要吗？”

结果还是所有的人都举起了手。

于是他说：“朋友们，钱在任何时候都是钱，它不会因为你揉了它，你把它踩烂，它的价值就会有任何的变化，它依然可以在商店里消费，它永远都是有价值的。”

为什么那张纸币在演讲者的手里揉皱了，被踩脏弄破了，还是有人想要它呢？因为，纸币就是钞票，纸币是没有高低贵贱之分的，它不会因为受到了什么待遇就有所差别，它还有和以前一样的价值，和其他等值的纸币的价值是一样的，只要它们的价值一样，纸币都是平等的。

犹太人不怕生意难做，即使对于最小的生意他们也不会放弃，因此在他们的经商历史中，他们喜欢把“金钱不问出处”这句话挂在嘴上。

钱是货币，是一个人拥有的财富多少的标志，它本身不存在贵贱问题。犹太人的赚钱观念和我们的传统观念不一样，他们丝毫不认为拉三轮车、扛麻袋就低贱，而当老板、做经理就高贵，他们认为钱在谁的口袋都一样是钱。

由于对钱保持着一种平常的心态，甚至把它看得如同一块石头、一张纸，犹太人才不会把钱视若鬼神，不把它分为干净或肮脏，因此他们获取它、失去它的时候，也不会痛不欲生。正是因为有了这种平常心，使得犹太人在惊涛骇浪的商海中驰骋自如，临乱不慌。

赚钱有术的犹太人数不胜数，以放债发财的亚伦，就是一个典型的例子。这位移居英国的犹太人从打工开始，就用积蓄的一点小钱做些小生意。

由于生意的扩大，他需要资金周转，不得不向钱庄或银行借钱。他在借钱的过程中发觉，向别人借钱的代价确实太高，这种代价往往与商业经营获得的利润相差无几。他想，自已辛辛苦苦赚钱付给银行，而且风险比银行还大，倒不如自已从事放款业务来得划算。

几年后，他开始做起放款业务。他一边维持小生意经营，一边抽出部分资金贷给急需用钱的人。

此外，他又从银行贷来利率比较低的钱，以较高的利率转贷给别人，从中赚取差额利润。有些等钱应急的公司或个人，宁愿以月息20%借贷，这样就等于放贷1年，可获得240%的回报率，这比投资做买卖更赚钱。

亚伦就是盯着这个赚钱的路子，迅速走上发财之路的。亚伦63岁逝世时，留下的钱财是当时英国首屈一指的。

犹太人的经商活动，有一个看似简单却很难做到的成功关键，就是：他们对顾客总是一视同仁，从不带一丝成见。在犹太人看来，因为成见而坏了生意，简直是太不值得了。

犹太人散居世界各地，对各国人他们都视为同胞。犹太人无论是住在华盛顿、莫斯科还是伦敦，他们和各国客户之间，都经常保持密切联系。

在犹太人的脑海里，在进行贸易往来时，无论你是美国人，还是英国人；无论你是欧洲人，还是非洲人，只要你和他的这笔交易能给他带来利润，他就可以和你交易。

我们知道，金钱是没有国籍的，所以就不应该为自己设下赚钱的种种限制。由于聪明的犹太人对金钱不问出处，这也证明了他们的观念是完全开放的，丝毫不受世俗观念的束缚。在他们的眼里，什么生意都可以做，什么钱都可以赚，只要是不违法或不损人的事。

正是因为犹太人认识到金钱的本质，所以犹太商人在商业活动中，对于所用的东西是不存在一点感情的，只要有利可图且不违法，拿来用就是了，完全不必过多考虑。

他们的目的就是赚钱，他们所信奉的真理，就是做生意，就是尽一切力量去获得最大的利益。

西方石油公司董事长哈默就是最典型的代表。在苏联刚刚建立时，世界上的资本家都不敢涉足这个国家，只有这个犹太人胆大包天，敢与苏联做生意，而且在苏联发了大财。

犹太民族是个注重契约的民族，然而这种态度并没有令犹太人把合约都供奉起来。相反，只要有买主卖主，合约本身也是商品，只要有人买，合约同样可以拿来买卖。

钱应该用来做生意，不应该用来买酒喝得醉醺醺的。

然而，具有讽刺意味的是，世界上最大的酿酒公司（施格兰酿酒公司）的老板，就是犹太人。

要想赚钱，就得打破既有的成见，这是犹太人通过经商悟出的心得，就像钱没有肮脏和干净之分，犹太人对客户也是不带着成见区分的。只要能合法赚钱，什么不损人的事都可以做。

风险，其实是财富的代名词

➡ 当机会来临时，不敢冒险的人永远是平庸之辈。

身处逆境不气馁、不放弃希望当然是重要的，承受压力甚至苦难，顽强地忍耐着等待机会，则更显可贵。

但是，命运的改变往往就在于某一个机会上，抓住这个机会可能成功，也可能失败，成功与失败均是不可预见的，选择去做就意味着冒险；而在失败与成功都不好把握时，就更意味着风险很大。那么，面临这样的状况，我们该怎么办?

有的人由于身处逆境当中，可以掌握和运用的资源非常有限，往往就选择赌上自己的一切，成与不成在此一搏。赢了，人生就此翻盘；输了，就是身败名裂。

只要我们认清自己的能力和各方面的状况，认清不属于盲目冒进行为，就应该大胆地去尝试，去冒一次险。

高风险，意味着高回报。而且，在面临风险审慎前进的人生体验中，也让我们练就了过人的胆识，这更是宝贵的财富。

犹太人历来以“冒险家”闻名于世。无论在东方还是西方，在很长一段时间内，“冒险家”都是一个贬义的称呼，不过现在人们的观念终于转变过来了。

人们认识到，风险是客观存在的，做任何事情都有成功与失败的可能。严格来讲，促成一件事情成功的因素太多、太复杂了，人们根本无法完全掌握那些“未知的变量”，充其量只能掌控其中一小部分。做任何事情都有风险，只是大小不同罢了。

19世纪80年代，在是否购买利马油田的问题上，洛克菲勒和股东们产生了严重的分歧。利马油田是当时新发现的油田，地处俄亥俄州西北部与印第安纳东部交界的地带。

那里的原油有很高的含硫量，经化学反应变成硫化氢，会发出一种鸡蛋坏掉后的难闻气味，所以人们都称之为“酸油”。

当时，没有炼油公司愿意买这种低品质原油，除了洛克菲勒。洛克菲勒在提出买下油田的建议时，几乎遭到了公司执行委员会所有委员的反对，包括他最信任的几个得力助手。因为这种原油的质量太差了，价格也特别低，虽然产油量很大，但谁也不知道该用什么方法进行提炼。但洛克菲勒坚信一定能找到除去硫的办法。在大家互不相让的时候，洛克菲勒最后“威胁”股东，宣称自己将冒险去进行这个计划，并不惜一切代价，谁都不能阻挡他。

公司执行委员会在洛克菲勒的强硬态度下被迫让步，最后决定以800万美元的低价买下利马油田，这是公司第一次购买原油的油田。

此后，洛克菲勒以20万美元聘请一名犹太化学家，让他前往油田研究去硫课题。实验进行了两年，仍然没有取得成功，在此期间，许多委员对此事仍耿耿于怀，但在洛克菲勒的坚持下，这项希望渺茫的工程仍未被放弃。然而，又过了几年，犹太化学家终于成功了！这一丰功伟绩，正充分说明了洛克菲勒具有穿透迷雾的远见，也具有比一般大亨更强的冒险精神。

只要是人，就不可能一辈子一帆风顺。

然而，懂得从失败中学习经验，这才是无可比拟的珍贵财富，只有敢于坦然面对失败的人，才是真正成熟的人。

在这方面，最值得称道的是犹太人。世界上大部分民族的节日都含有庆祝的意味，而犹太人的节日大多是为了记取他们曾经遭受的苦难与失败。他们在节日中回忆祖先的失败，以警示自己和自我激励。

罗森沃德是全美最大的百货公司西尔斯·娄巴克公司的最大股东，他也是全美20世纪商界的风云人物。然而，这个做服装生意起家的富翁，却也经历了许多创业时的失败与艰辛。

罗森沃德1862年出生在德国的一个犹太人家庭，少年时随家人移居北美，定居在伊利诺伊州的斯普林菲尔德市。

罗森沃德的家境不大好，为了维持生活，中学毕业后，他就到纽约的服装店做杂工。罗森沃德从年幼时就受犹太人的教育影响，树立了艰苦奋斗的精神。他确信人皆有出头之日，一个人只要选定了目标，然后坚持不懈地向目标迈进，百折不挠，胜利会眷顾他的。

“我要当一个服装店老板。”这是罗森沃德的奋斗目标。为了实现这个目标，他除了在工作中留心学习和注意动态外，把全部的业余时间用于学习商业知识，找有关的书刊阅读。

到了1884年，他自认为有了一定经验和小额本钱了，决定自己在纽约开服装店。可是，他的服装店门可罗雀，生意极差，经营了一年多，把多年辛苦积蓄的一点点血汗钱全部赔光了，服装店只好关门，罗森沃德垂头丧气地离开纽约，回伊利诺伊州去。

痛定思痛，罗森沃德反复思考自己失败的原因。最后，他找出了原因：服装是人们的生活必需品，但又是一种装饰品，它既要实用，又要新颖，这才能满足各种类型用户的需求。而自己经营的服装店，缺乏自己的特色，再加上自己的商店未建立起足够的口碑，根本没有销售的优势，注定要失败的。

针对自己出师不利的原因，罗森沃德决心改进。他毫不气馁，继续学习和研究服装的经营策略。他一边到服装设计学校去学习，一边做服装市场考察，特别是对世界各国新潮的时装进行专门研究。

几年后，他对服装设计已经很有心得，对市场行情也看得较清楚。于是，他决定重整旗鼓，硬着头皮向朋友借了几百美元，先在芝加哥开设了一间只有十多平方米的服装加工店。

他的服装店除了展出他亲自设计的新款服饰图样外，还可以根据顾客的需求对已定型的成衣样式做修改，甚至完全按顾客的需求重新设计。因为他的服装设计款式多，新颖精美，再加上灵活经营，很快就受到了顾客的欢迎，生意十分兴隆。

两年后，他把自己的服装加工店规模扩大了数十倍，并把服装店改为服装公司，大量生产各种时装。从此以后，公司的营业额快速增长，品牌知名度和口碑也在市场流传开来。

犹太人凭着过人的胆识，抱着乐观从容的心态，知难而进，逆流而上，往往赢得了出人意料的成功。这种身临逆境却勇于冒险的进取精神是成就“世界第一商人”的又一重要因素。

透过黑暗，才能看到光明

➡ 今天将要发生的事我们都还不知道，何必为明天而烦恼。

人生如棋。

世事总是如此：看起来绝望的棋局，事实上总还有解救办法。就是说，当我们面临任何绝境时，永远都还有一步好棋可以走，只要不放弃自己，走出这一步，就足以扭转形势。

生命的天平，常在希望和绝望之间摆动不定。只要不放弃希望，就永远不会失去胜利的机会。

在第二次世界大战的时候，德国占领了东欧，对犹太人实施非人性的统治，目的就是把他们赶尽杀绝。

在某个小镇上，有个犹太人家庭，一家五口为了躲避德军，只好躲在一间仓库的小阁楼上，吃喝全靠朋友们接济。

每当德军巡逻队或者不怀好意的市民走近仓库，他们就吓得一点声音都不敢发出来。时间一长，他们完全学会了用动作来表达感情。

三个月后的一天，母亲外出觅食未归，同情他们的市民说："你们的母亲肯定是被德国人抓走了。"

又过了两个月，父亲也一去不回。半年后，叔叔刚出门，孩子们就听到一声枪响，叔叔就倒在了门外。

三个大人相继死去，寻找食物的重担就落在了姐姐肩上，每当仓库附近有风吹草动，姐姐就赶紧掩住弟弟的嘴。

过了一个月，姐姐也永远回不来了。

从此以后，只要听到外面有任何声音，唯一生还的他，只有掩住自己的嘴巴，不让自己发出一点声音。

这是一个犹太人经历的悲惨童年，相信他终生都不会忘记童年所遭受的痛苦和磨难。

犹太人坚信，只要不断地保持希望的灯火，就不怕黑暗的威胁，他们每经历一次暴风雨，天空就架起桥一般的美丽彩虹，这预示着不久的将来会有希望到来，黑暗过去就是光明，这是他们存活下来的希望，无论环境多么恶劣，他们都不会绝望，只要一息尚存，就要坚强地活下去。

“人的眼睛是由黑白两部分组成的，但为什么只有通过黑色的瞳孔才能看见东西？”

那是因为，人必须透过黑暗，才能看到光明。

人生也是从苦难和黑暗开始，最后才能到达幸福和光明的终点。不要害怕痛苦，因为一个人只有痛苦到了极点，才能品尝到甜美的果实。

犹太人的意识里面，永远充满了痛苦的观念和深深的忧患，他们的思维、他们的灵魂，都是从这样的角度来面对和思考问题的。

犹太哲人认为人的一生分为六个阶段：

1岁时是国王：家人围绕着他，像服侍国王一样侍奉他，把他照顾得无微不至。

6岁的时候是头小猪：喜欢在泥巴里面玩耍。

15岁的时候是小羊：无忧无虑地欢笑、跳跃，享受人生的快乐和自在，从来不知道什么叫痛苦。

结婚后是只驴子：开始背负着家庭的重担，咬着牙低头，吃力地缓缓前进。

中年时是狗（有时比狗还不如）：为了养家糊口，有时不得不摇尾讨好，乞求他人的施舍。

年老时是猴：行为和孩童无异，却没有人去关心他了。

犹太人认为人生中的苦难和不如意占十之七八，而幸福和快乐只占人生中的一小部分。既然这样，也就不必惧怕痛苦和人生的种种烦恼了，相反的，人生的痛苦和烦恼，反而是越多越好。

《塔木德》中说：有10个烦恼，比仅有1个烦恼好得多。

因为，一个人有10个烦恼，不会再害怕烦恼，而只拥有1个烦恼的人，就会整天很烦恼，因为他怕后面还会有更多的烦恼来找他，这种对未来的恐惧，是最折磨人的。

犹太人四处流浪、衣食没有着落，也不知道有谁可以接纳他们。经历了这一切后，他们已经不怕任何苦难了，因为他们深知经历过无情苦难的折磨后，他们的抗压能力，已经超越一般人的水准了。

为了生存，他们想尽一切办法；为了生存，他们受尽人间苦难；为了生存，世界上已经没什么事，是他们不能做的。

痛苦，也是人生本质之一。直指生命的真正层面、看透人生的本质是痛苦的；人生的大部分时间里，都在受痛苦折磨，而快乐只是短暂且虚幻的，说穿了只是人的错觉。

像富人一样思考

➡ 拥有富人的思维，向富有的人学习他们的经验，和他们相处，你会得到很多启示和发财的机会；而如果你在穷人堆里，你除了学会怎样节俭之外，是什么都得不到的。

穷人的穷，不仅仅是因为他们没有钱，而是他们根本就缺乏赚钱的头脑。富人的富有，也不仅仅因为他们手里拥有大量的现金，而是他们肯于为了赚钱开动脑筋。

有这样一个故事，说的就是财富和头脑之间的关系：

有一个百万富翁和一个穷人见面了，那个穷人见富人生活那么舒适和惬意，于是对富人说：

“我愿意在您府上为您干活三年，我不要一分钱，但是您要让我吃饱饭，并且有地方让我睡觉。”

富人觉得这真是少有的好事，立即答应了这个穷人的请求。三年期满后，穷人离开了富人的家，从此不知去向。

十年又过去了，昔日的那个穷人，竟然已变得非常富有，以前的那个富人和他相比，反而显得很寒酸。于是富人向昔日的穷人要求：愿意出10万美元，买下他变得如此富有的秘诀。

昔日的那个穷人听了哈哈大笑说：“过去我是用从你那儿学到的经

验赚钱，而今天你又用钱买我的经验，如此而已！”

只有向富人学习，你才会得到他们拥有财富的秘诀。

犹太人特奥的母亲不幸辞世，给他和哥哥卡尔留下的是一家可怜的杂货店。微薄的资金，简陋的小店，兄弟俩靠着出售罐头和汽水之类的食品，一年节俭经营下来，收入微乎其微。

他们不甘心这种穷困的状况，一直探索发财的机会，有一天卡尔问弟弟：

“为什么同样的商店，有的人赚钱，有的人赔钱呢？”

特奥回答说：“我觉得是经营有问题，如果经营得好，小本生意也可以赚钱。”

可是经营的诀窍在哪里呢？

于是他们决定到处看看，有一天他们来到一家便利店，发现这家便利店顾客盈门，生意非常好。

这引起了兄弟二人的注意，他们走到便利店的旁边，看到门外有一张醒目的红色告示写道：

“凡来本店购物的顾客，请把发票保存起来，年终可凭发票，换领发票金额3%的免费商品。”

他们把这份告示看了几遍后，终于明白这家便利店生意兴隆的原因了。原来顾客就是贪图那年终3%的免费商品才频繁光顾。兄弟俩一下子兴奋了起来。

他们回到自己的店铺，立即贴上了醒目的告示：“本店从即日起，全部商品降价3%，并保证我们的商品是全市最低价，如有买贵，可到本店找回差价，并另有奖励。”

原来他们不仅借鉴了那家便利店的做法，还提出了全面商品降价3%，他们的店铺自然很快就门庭若市，生意红火。

就这样，他们所开的阿尔迪商店出现了购物狂潮，兄弟俩乘胜追击，阿尔迪商店在这座城市连开了十几家门市，占据了几条主要的街道。从此，凭借这“偷”来的经营秘诀，他们兄弟的连锁店迅速扩张，南到阿尔卑斯山，北到弗伦斯堡，到处都看得到密密麻麻的阿尔迪连锁商店。

由此可见，当初他们如果没有学习别人的创意并加以创新，阿尔迪商店是不会发展得这么快的。

财富是靠头脑赚取的，犹太人认为，你的价值就在于脑袋，而不是手脚。犹太人在经商的时候显得很轻松，他们表面泰然自若，心里却在思考问题。

“钞票有得是，遗憾的是你的口袋太小了。”

这是犹太人的普遍想法。如果你的思维够开阔，那你的钱包就会越来越大了。

这就是犹太人的经商原则：要成为成功的商人，一定要想办法拿出一套标准作业程序，剩下的事情就让别人去按表运作，自己等着赚钱就可以了。

《塔木德》中记载了这样的一个故事：

有位国王拥有一个大葡萄园，雇了许多园丁工人来打理，其中有一位工人技艺超群，也有领导能力，于是国王就让他来当管园人。

有一天，这位国王来到葡萄园散步，就让管园人陪同。这天下班后，工人们排起长队领取当天的工资。但是当这位管园人领取工资的时候，却遭到了大家的抗议和不满。他们认为这位工人只做了两个小时的事，其他的时间都在陪国王到处闲逛，所以不应该领取与别人一样多的工资。

这时，国王说话了：“因为他熟悉你们的工作，所以才让他来看管你们的。今天他虽然只做了两个小时的实际工作，但是他走的时候，你们仍然按照他给你们的指令完成了任务。他的能力强，所以两个小时就做完了他一天的工作，他对得起自己的工资！”

有时，工作成就不能以工作时间的长短来计算，也不能根据做了多少工作量来看，而应该以工作所获得的效益的多少来计算。因此，想办法提高你的工作效率，才是真正聪明的赚钱策略。

令人不可思议的是，犹太人在一百多年前就已经这样做了。

1910年，大量犹太人进入了北美，开始的时候，他们和一起来的英国人、西班牙人、葡萄牙人，同样都是做最基层的粗活。

这些犹太人中每10个人里就有8个是劳动工人，但是不久他们就都不做了，这是为什么呢？因为，对于犹太人来说，开始他们从事这些出卖体力的职业，是由于遭受歧视、缺乏工作机会才不得不这么做，当他们有了基本的生存保证，就不再这样做了。

因为，这些工作的报酬低微，且付出的心力又很多，工作还很不稳定，尤其是这些工作会降低人的身份，让人没有成就感，这是不符合犹太人的理念的。

于是，他们凭着自己受过的良好的教育，积极地去找那些比较体面、报酬高，也有前瞻性、有利可图的工作。

过了几十年，他们中有不少人已成为百万富翁。著名的罗斯柴尔德家族，就是从这个时候开始闻名的。到了后来，每10个犹太人里，就只剩1个是蓝领工人了，其他人都已成为有产阶级。

这就是两种不同的观念造成的不同命运：前者依靠自己的智能变得富有，后者则依旧靠出卖体力来生活，他们的一生也只能延续被奴役的生活。

想变得富有，你就必须向富人学习。

以怀疑的眼光看待事情

➡ 凡事自己不去思考和判断，等于把自己的脑袋交给别人。

犹太人是善于学习、善于思考的，他们以一种冷峻的眼光看待这个纷繁的世界，他们拒绝崇拜任何偶像，从不盲从大众的潮流，他们是用一种怀疑的眼光看待这个世界的。

当一个犹太人的小孩上学的时候，他就被鼓励发问。放学回家之后，他的妈妈就会问他："鲍比，你今天在学校里向老师提问题了吗？提什么问题了？"

小孩子说："我问老师：为什么鱼是用鳃呼吸，不是用鼻子呼吸？它的鼻子在哪里？我过马路的时候，为什么红灯总是亮的？为什么老师今天穿了一条咖啡色的裤子？"

开始的时候，他们的问题让人觉得幼稚可笑。但是时间一长，他们的问题就已经让人很难回答了，甚至一些专家也无法回答。

犹太人就是这样喜欢提问，因为在他们看来，思考是开发智能的开始。不会思考的人，也不会学习。思考让人明白为什么要去做一件事情，做这件事情有什么好处。他们所探求的是一件事情根本的原因，而不是那些浮在表面的东西。

由于轻信和盲从，人们总是习惯崇拜权威，相信他们的意见总是对的，用既成的眼光看待问题，追求大众的判断，这样就很难在自己的事业上有所突破，要有成就也就很困难。

犹太人怀疑一切东西，即使那些看起来十分神圣的东西，他们也绝不会不问是非就相信。在他们的眼里，任何偶像都不过是一些吓唬人的东西。

所以犹太人并不喜欢，也不愿意把他们的领袖视为偶像。他们不要偶像去安排自己的命运，他们崇尚的是独立的思考判断。

对于犹太人这种怀疑一切的态度，犹太人心理学大师弗洛伊德是这样解释的："因为我拥有犹太人的两种天性：怀疑和思考，所以我发现自己没有受到偏见的影响。而其他的人在运用他们的智力时，却受到了很多主观和外在的限制。作为一个犹太人，我随时都准备反对大多数人的意见。"

成功永远属于那些独立思考的少数人，他们总是以一种怀疑的眼光看待一切事情，因而他们从来不受社会既定成见的影响，能够自由地发挥他们的才能和想象力，即使他们处于少数派的状态，也不愿意放弃自己的独立思考。

要发财，从改变自己开始

➡ 一个不重视教育的民族，是没有前途的民族。

犹太人非常重视教育。以色列刚建国时，政府就颁布了《义务教育法》，1953年颁布了《国家教育法》，1969年又颁布《学校审查法》。

现在在以色列，全国的基础教育都由国家负责，所有5岁至16岁的少年都必须进入学校接受免费教育，免费教育可持续到18岁，高中以上学生的学费则根据其家庭经济状况由政府给予补助。

这套义务教育制度，需要巨额资金的扶持，以色列教育经费一直没有低于国民生产总值的8%，在最高的年度曾达到8.8%。

对于一个不算富裕，并要维持高额军费开支的国家来说，教育投资能达到这一水准是很不容易的。美国是当今世界上教育最发达的国家，但它的教育经费也仅占国民生产总值的8%左右，而像日本、德国就更低。如果说，义务教育在今日尚属不易，对于刚刚建国的以色列就更加不易了。为了保证学子们的学业与生活，犹太民族创立了两项制度。

第一项制度是每个人都要缴纳“十一金”，即每人把自己总收入的10%（当然更多一些也可以）捐献出来。就算是接受施舍的穷人，也必须捐献10%。

另一项制度是推行婚配上的门当户对。犹太人最理想的婚配方式是最有学问者的子女和最富有者的子女的结合。

无论在古代的开罗、伊比利亚的托莱多、威尼斯共和国，还是中欧的犹太社区，犹太人都持有同样的观念。从犹太人对教育的重视和对教师的敬重，不难想象出教育的场所——学校，在犹太人的生活中是何等神圣。

1919年，在犹太人聚居的耶路撒冷希伯来大学便在前线隆隆的炮火声中奠基开工。此后连绵不绝、愈演愈烈的战争和冲突，也未能阻止这所大学在1925年落成。

今天，人口仅四百多万的以色列已经拥有六所跻身世界一流的知名大学：希伯来大学、特拉维夫大学、以色列理工学院、海法大学、内格夫大学和巴尔伊兰大学。

犹太人之所以特别重视学校的建设，除了他们具有“以知识为财富”的认知之外，还因为在他们看来，学校无异于一口保持犹太民族生命之水的活井。

事实上，商人变得更有学识是文明的进化，是一只推动经济发展的无形的手。犹太商人具有令人叹服的经商头脑，正是尊重知识、酷爱学习、重视教育的必然结果。

有个叫哈罗德的犹太青年，他最初是一个经营餐饮的商人，可是当他看到了麦当劳里面每天人潮汹涌的场面，他就看到了其中巨大的商业利润。

于是他想，如果自己可以代理麦当劳，那利润一定是极为可观的。他找了麦当劳总部的负责人，说明自己想代理麦当劳的意图。这位负责人告诉他，如要拥有这样的代理权，需要200万美元的资金才够。

听到这位负责人的话，哈罗德就决定每个月都存1万美元。于是每个月的1日，他总是先把1万美元存入银行，再考虑自己的经营费用和日常的支出。而且他给自己规定，无论发生什么情况，都要一直坚持这样做。

这样坚持不懈地过了整整六年，由于每个月他都在1日把1万美元存入银行，银行里面的柜台小姐都认识了他，他告诉她们自己的计划，她们也都被他坚韧的精神感动。

过了一段时间，他的存款已经有72万美元了，但是距离需要的200万美元还有不小的差距。于是他去找麦当劳总部的负责人威尔逊先生，他向威尔逊讲述了自己的困难，希望能把麦当劳代理权给他做。

威尔逊听了他的话，被他这种执着的精神感动了，不过他还是决定亲自去银行打听一下哈罗德的事情。他到了银行问是否认识一个叫哈罗德的人，柜台小姐们就说：

“哎呀！那个人真是不简单啊！他每个月的1日都是在中午的时间存入1万美元，六年了，他一直这样，这个人真有毅力。有一次，下了大雨，把他浑身都淋透了，他还是一样来存钱。”

威尔逊听了，当时就决定把麦当劳的代理权交给哈罗德，从此哈罗德传奇的发迹史就开始了。

以知识武装起来的犹太商人，纵横捭阖，处变不惊，这是“第一商人”的魅力所在！要发财，就要从改变自己开始。

有远见才能决胜千里

➡ 当我们邻居的屋子起火时，你就必须留心自己的屋子了。

要成为成功的商人，就要有敏锐的眼光，可以预知未来的情势。不要目光短浅，只贪眼前的蝇头小利，那样的人永远只能跟在成功者身后。

纵观历史，预测人类的行为，显然比预测天气更容易。

智者切面包时，计算十次才动刀；倘若换成愚者，即使切了十刀也不会测量估算一下，因此切出来的面包，总是大小不一或数量不对。这就是智者和愚者做事时思考模式的不同。

赚钱，对于犹太人来说简直就是轻而易举。其实如果你用心观察犹太人的发财秘诀，你就知道原因是什么了。

我们来看看北美犹太人商业奇才哈利小时候，是怎样在寒冷的冬天把饮料卖掉的。

哈利15岁时，在一家马戏团做童工，负责在场内叫卖零食。但天气寒冷，观看的人不多，买东西吃的人更少，尤其是饮料，几乎无人问津。

小哈利就想：为什么饮料没有人要呢？当然是人们不需要。不行，要想想，如何才能让人们在冷天也需要饮料呢？

忽然间，他脑筋一转，大声喊：

“来看马戏哦！买一张票，就免费送您一包好吃的花生！先买先送，送完为止！”

“竟然有这样的好事？”

人们纷纷从四面八方围拢过来，争相购买马戏票。人们津津有味地品尝着这些花生，这些花生比平常的花生好吃，不过越吃越口渴，原来这些花生被撒上了一些盐，不过既然花生是免费的，而且又这么好吃，人们也管不了那么多，拼命地吃。但吃多了口渴，人们又开始找饮料解渴。

这时，小哈利乘机推销他的饮料，口干舌燥的人们顾不得那么多了，纷纷拿出钱包，购买小哈利的饮料。结果，小哈利这一天卖出去的饮料，居然相当于过去一个月的销售量。

其实，小哈利不过是运用了一个小策略，比别人多看到几步而已。我们来看看小哈利的这几步是怎么走的：

第一步：要想卖出去饮料，在冬天似乎很困难，那就必须借助其他东西来间接地实现自己的目的。于是，看看手里的东西，就是花生了。

第二步：把花生全部撒上一点盐，这样花生就变咸了，咸花生的味道不仅香了，更重要的是，借着咸花生，他可以卖掉自己的饮料了。

第三步：把咸花生和票捆绑在一起，免费地赠送给来看马戏的人，这样做的目的就是吸引那些贪小便宜的人们，为自己的饮料推销策略铺好路。

事实上，凡事往后多看几步，就像下棋一样，才不会逼自己走进死胡同，同时也可让自己发现更多可走的路。

第二次世界大战结束后，战胜国决定成立一个处理世界事务的组织——联合国。这个总部必须建在繁华的大城市才合适，可是想在任何一座大城市买下一块盖大楼的土地，都需要很大一笔资金，而刚刚起步的联合国总部的资金很有限，各国首脑为此事伤透脑筋。

这个时候洛克菲勒家族听说了这件事，他们立刻宣布愿意出资870万美元在纽约买下一块很大的地皮，并且无条件捐赠给联合国。

人们不禁惊讶了，花这么多的钱买地免费送给联合国，洛克菲勒能有什么好处？

可是他们并不知道，当洛克菲勒家族在买下土地捐给联合国的时候，也买下了与这块土地毗连的全部土地。等到联合国大楼建起来后，四周的地价立即飙升起来。

现在，没有人能够算出洛克菲勒家族借助毗连联合国的土地，赚到了多少个870万美元。

当人们如梦方醒的时候，洛克菲勒家族已经赚进大把大把钞票了。

这就是犹太商业巨子与众不同的思考模式，他们所下的头一两步棋，我们通常是猜不到他的用意的，他们的真实意图总是在快到尾声时，我们才恍然大悟，但他们已经达到目的了。

你能看到未来的发展有多远，那你的成功就有多大。

犹太巨富吉威特有超乎常人的远见。当一件事尚未来临，他便能预见它将在何时发生。这种先见之明，可以说也是他事业成功的关键。

自从1930年以来，吉威特对每10年来临一次的时代新浪潮，都能十分准确地把握，而且把它联系在自己的事业上。

20世纪30年代：在这个不景气的年代（经济危机），大多数的土木建筑业者都无事可做，但吉威特却预见公共投资不久将复苏，于是尽全力去做准备。

20世纪40年代：他预见有关防御方面的工程，尤其是空军基地等军事建筑将增多。

20世纪50年代：他预见高速公路及飞弹基地时代将来临。

20世纪60年代：他预见都市交通网将有大的发展。

就这样，吉威特每次都预见到时代潮流带来的建设需求，事先就做好准备了。他的这种先见之明，奠定了吉威特商业王国的基础。

想必大家都知道下棋吧？下棋过程中，我们把仅仅看到一两步棋路的人称作初级棋师；把那些想到三四步棋路的人称作中级棋师；但是那些能够算到五六步以上棋路的人，就被誉为高级棋师。

高手们的头一两步棋，人们常常捉磨不透他们的用意。以下棋比喻经商，商战中的高手，就是这些运筹帷幄、决胜千里的商人。

如果你也是一个经商的人，那么你在筹划大局的时候，就应该问问自己：我目前想到了第几步？

多走几步，就会看到更多的好风景。

与人为善，声名永存

➡ 与众人为善，声名永存。

纵观众多犹太巨商的成功历程，也许大家都会注意到，他们有一个共同的举措，即在发财致富后，往往慷慨解囊做各种善事和公益事业。当然，犹太商人热心捐钱办公益事业，归根到底是一种营销策略，可以为企业提高知名度，扩大影响力，赢得消费者的好感，对企业巩固已占有的市场及扩大市场的占有率会起到作用。

美国的菲利浦·莫里斯公司是一家热衷于赞助社会公益事业的著名公司，这家公司总部设在纽约，生意遍及五大洲，每年的营业额超过百亿美元，雇用的员工多达114000人。

菲利浦·莫里斯公司把赞助作为长期以来的一种有效的推销术，它每年都制订赞助计划，拨出大量财力和人力支持世界各国的一些文化活动。它所赞助的范围很广，包括美术、音乐、舞蹈、戏剧等领域。

公司每年都要花上千万美元的巨款去赞助一些与本公司经营的产品毫不相干的事情，目光短浅的人认为这是白费钱的愚蠢之举，而菲利浦·莫里斯公司董事会主席兼首席执行官哈米什·马克斯韦尔却认为："我们作为社会的一员，除了像其他公司一样生产产品，提供劳务和就业机会，向政府纳税，为股东增加利润外，我们还懂得社会的其他需要。为此，我们准备履行和我们公司地位相适应的义务，为社会福利作出贡献。”他还进一步解释说：“没有社会的发展，就不可能有商业的繁荣。对于一个公司来说，参与社会发展比单纯追求经济利益更为重要。作为菲利浦·莫里斯公司的人，我们一直在探索创造性思维。我们想通过我们作为法人团体的努力使这种探索方式生动、活泼一些。这样使我们的雇员们意识到他们都是在一个有促进力的环境里工作，还可以使其他人都以和菲利浦·莫里斯公司合作为荣。”

这个公司就是通过把自已和整个社会的利益和需要联系起来，通过赞助文化事业密切了公司与社会的关系，从而扩大了公司的影响力和知名度，反过来又促进了本公司的产品销售。事实证明此举确实起到了双赢的作用。

犹太商人如此乐善好施，实际上也是一种生意经。他们大量地捐资为所在地兴办公益事业，会赢得当地政府的好感，对开展各种经营活动十分有利。有些犹太商人还获得当地政府给予优惠条件开发房地产、矿山、修建铁路等，赚钱的路子更为宽广。

犹太商人明白这个道理，在一切经营活动中，与人为善，把人与人的关系处理好，这是他们成功和致富的秘诀，不失为一种生存立足策略。

挑战逆境，抓住致富机会

➡ 犹太商人强调和气生财，把关系搞得融洽和睦，从而让自己的生意欣欣向荣。这种经商之道，是以“和”为原则，以“善”为办事宗旨。

如何才能生财，犹太人首先着眼于管理内部，他们期望营造一个和和气气的经商氛围，避免引起矛盾冲突。

路德维希·蒙德于1839年出生于德国卡塞尔，后移居英国。他在学生时代曾在海德堡大学同著名化学家布恩森一起工作，发现了一种从废碱中提炼硫黄的方法。他将这一方法带到英国，几经周折，才找到一家愿意同他合作开发的公司。结果证明他的这一专利是有经济价值的。后来，欧洲的许多公司都申请使用这种方法。这使蒙德萌发了自己开办化工企业的念头。蒙德买下了一种利用氨水的作用使盐转化为碳酸氢钠的方法，这种方法是他一起参与发明的，当时还不成熟。

蒙德在柴郡的温宁顿买下一块地，建造厂房。当地居民担心大型化工厂会破坏生态环境，反对他在那里建厂，并拒绝为他工作。

蒙德不得不雇用爱尔兰人。建厂期间，他每天到现场监督工人干活，他嘴上老挂着一句话：“不要称呼我先生，我不是绅士！”

蒙德一边建厂，一边进行实验，以完善这种方法。第一次实验失败之后，他干脆住进了实验室，昼夜不停地工作。经过反复实验，他终于解决了技术上的难题。尽管如此，他仍怕出问题，虽然他的住处离工厂只有几百米的距离，他还是在卧室的窗户上安装了一只铃，拴上一根长长的绳子，连向厂区，以便万一在夜晚需要他时，能及时叫醒他。1874年工厂建成，开始时生产情况并不理想，成本居高不下，企业完全亏损，但蒙德并不气馁，加倍努力，终于在1880年取得了一项重大突破，产量增加了3倍，成本也降了下来，产品由原先每吨亏损5英镑，变为获利1英镑。

在吞并附近一家和他竞争的企业之后，蒙德和他的主要合伙人约翰·布隆内尔一起，把他们的工厂扩大为"布隆内尔蒙德公司"。当时拥有资产60万英镑，短短几年之后，布隆内尔蒙德公司成了全世界最大的生产碱的化工企业，同时在生产碱的化学工艺上取得了重大突破，但世人认为，该公司在改善劳资关系方面的建树更有革命性的意义。在英国，他们是最早给工人每年一周假期，休假期间工资照发的雇主之一，只是有个条件，就是工人必须好好工作。

各种荣誉也纷纷降临到蒙德头上。他从事化学研究生涯的摇篮——德国海德堡大学授予他名誉博士学位；牛津大学和曼彻斯特大学分别授予他文学博士学位和科学博士学位；他担任了化学工业协会主席，成了英国皇家学会、普鲁士科学院和那不勒斯皇家学会的成员，而且还获得了意大利当局颁发的荣誉勋章。

和气生财的说法，道出了犹太人经商制胜的一个秘诀。它的核心是给人好感，用善意温和的态度与人交往，别人也会以礼相待，生意就容易谈成了。

第二章

算钱策略：把钱的观念记在心里

你可以掌握自己的命运

➡ 犹太人从小就被灌输要有独立自救的意识，以期能在未来的坎坷人生路上应付各种突发状况。这种独立意识的培养，主要来自父母对孩子灌输的“只能相信自己，不要相信别人，任何人都不可靠”的教育。

如何掌握自己的命运，是每个犹太人都在思考和关心的问题。长期的流浪和居无定所，加上始料未及的歧视和压迫，使他们在艰苦恶劣的环境中树立了一种独立的生命意识。

每个人在童年时都有一颗纯洁的心，他们并不知道世界的现实一面，只觉得世界很美好。他们不仅相信自己，而且信任周围所有的人。如此天真单纯的人，是无法应付复杂且残酷的现实社会的。

许多犹太人生来就处于逆境之中，生存的环境对他们来说真可谓充满荆棘。要适应环境，首先就必须懂得应该怎样对待自己和他人。因此，犹太人教育自己的孩子：要相信自己，除了自己以外，任何人都是信不得的。

为了达到让孩子们不信任别人的目的，父母时常扮演坏角色，不断地骗自己的孩子，同时让孩子清楚地意识到自己的双亲在骗自己。每次上当受骗，都使孩子们意识到，双亲是信不得的，自己至亲的人都信不得，还能去相信谁呢？

下面这一则小故事很能说明这个问题：

3岁的迈克有一天在客厅里和姐姐玩游戏。当他们玩得正高兴的时候，父亲抱住小迈克，把他放在壁橱的上面，并伸出双手做出接住他的样子。

迈克因为父亲参加他们的游戏而感到十分高兴，他望着父亲，毫不犹豫就往下跳。在跳下来的瞬间，父亲却缩回双手，迈克重重地摔在地板上，大哭起来。

他向坐在沙发上的妈妈求助，可是妈妈却若无其事地坐着，并不去扶他，而是微笑地说：

“好坏的爸爸，谁叫你相信他！”

父亲则在一旁站着，用嘲弄的眼光望着可怜的迈克。

这种只相信自己的习惯，是孩子们独立意识形成的基础。他们相信，只有自己才能养活自己，靠别人来生活绝对是天真的幻想。因此，他们在任何条件下，都能顽强地生存下去。

这种“唯我可信”的意识，也使他们在处理所有事务时，总是很小心谨慎，认真思考后再作出抉择，所以犹太人很少上当受骗。

这种培养孩子独立意识的做法，在我们看来虽有些残酷，但绝对是理智且必要的。它正是犹太民族长期流亡，却又能凝聚民族意识的一个重要原因。

企业经营者是掌握自己和公司命运的关键人物，也应具备这种只相信自己的生存法则。这种意识构成了犹太商人自我保护的防护膜，使他们从不掉入别人的商业陷阱。

世间没有不能成功的事，只有不愿成功的人，人们都渴望成功，却都无法承受所要付出的代价。杰出的人物之所以能成功，其中一个重要的原因，就是他们都能自强不息，并且具有必胜的信念。

生活中总有许多人抱怨自己没有好运气，从此自暴自弃，但实际上每个人都有成功的潜质，正如拿破仑所言："世上没有废物，只是放错了地方。"

因此，只要选对一条适合自己的路，坚持下去，自强不息，就一定能成功。

巴拉尼是个犹太人的儿子，年幼时患了骨结核病，由于家境不富裕，无法医治好，他的膝关节永久性地僵硬了。

但是，他没有因此而丧失生活的信心，相反，却增加了生存下去并创大业的决心。

他立志学医，历尽艰辛，终于学有所成。

他对医学研究精深，特别对耳科病症有独到研究。他一生发表了184篇医学研究论文和两本很有研究价值的论著《半规管的生理学与病理学》、《前庭器的机能试验》。

由于研究成果卓著，他获得了所在国奥地利皇家授予的爵位，并于1914年获得诺贝尔生理学及医学奖。

人的生命虽然各有长短，有人长命百岁，有人殁于壮年，但不管怎样，每个人的生命只有一次。因此，人必须珍惜自己难得的一生，在这有限的人生中，用智能和意志实现自己的愿望，如此才能了无遗憾。

犹太人大卫·布朗是英国的一位商人，他的发迹过程，就是他实现人生目标的过程。

他出生于1904年，父亲经营一间小型齿轮制造厂，几十年来一直惨淡经营，仅可以赚取一点生活费。布朗的父亲是一个头脑清醒的人，他知道自己已没有成功的机会，便把希望寄托在儿子身上。因此，他严格要求布朗勤于读书，每逢假日就规定他到自己的齿轮厂去上班，与工人们一样艰苦地工作，绝无特权。

布朗在工厂里工作和生活了较长时间，养成了艰苦奋斗的精神，熟悉了工业技术，形成了自己的人生奋斗目标。布朗自己的奋斗目标，不在于管理齿轮厂方面，而是利用自己在齿轮业务上积累的经验，向赛车生产这个目标前进。

他通过长期观察发现，当代人对汽车使用已普及，他预感汽车大赛将会成为人们的一种流行娱乐。他克服了重重困难，成立了大卫·布朗公司，聘请专家和技术人员研发设计，采用先进技术设备进行生产。

1948年在比利时举办的国际汽车大赛中，布朗生产的“马丁”牌赛车一举夺魁，大卫·布朗公司也因此声名大噪，订单如雪片般飞来，布朗也从此走上成功之路。

我们无法左右命运，但也不要被命运左右。犹太人不管是从商、从政还是从事科学研究，都看重人生目标的确立，唯有先确立目标，才能全力以赴而终至成功。

真正的成功者，应该是征服自己的高手

➡ 在犹太人看来，如果能超越自己，那么总有一天，自然就能超越别人。我们每个人其实都有两个生命：一个是父母给我们的血肉之躯；而另一个则是我们赋予自己生命的意志：这个生命的意志，就是变幻无常、恒久绵延的创造力。我们如要掌握人生，就要先掌握住内在的动力，这种动力就是超越自我的创造力。

老子曾说过：“知人者智，自知者明。”

征服别人没有什么了不起，真正的成功者，应该是征服自己的高手。

那么，如何超越自我呢？就是要打破现在的状态，敢于向未知的领域挺进。

犹太裔科学家爱因斯坦说过：“人必须经常思考新事物，否则就会变得和机器一样。”看报纸、看电视最容易养成习惯，每天总有大量的新闻和无聊的电视剧，充斥着我们的生活。如果我们的脑子被这些琐碎的信息塞爆了，就等于是在浪费生命，而不是在享受生命。我们还来不及成就事业，时间就已悄然流逝了。毫无疑问，这样的人生是平庸的人生，更无所谓自我超越了。

人是很容易产生惰性的，我们总是在不经意间习惯了现有的生活。

例如，朝九晚五、一成不变地上班，下班了就躺在沙发上，看电视看到睡着，第二天早晨匆匆忙忙赶着上班，日复一日。这样的生活，如果你仍不觉得无聊或空虚的话，那你真的就是“活死人”了。

我们是否问过自己：我一辈子就这样活下去吗？难道这就是我的人生吗？我相信：自甘平庸的人是极少数，但是麻木于现有的生活，屈从于自己的旧习性的人却大有人在。

如果我们观察那些令人羡慕的成功人士，去探索他们传奇的人生，就会看到：他们都是在向自己挑战、向别人说“不”的人生勇者。

让我们再来看看金融世家罗斯柴尔德家族。

这个威震世界、影响欧洲政治经济二百多年的家族是从一个叫迈耶·罗斯柴尔德的穷光蛋手中开始的。

迈耶生于1744年德国法兰克福一个脏乱不堪的犹太人社区。照常理，像他这样的犹太人，能找到一个安稳的工作、过着衣食无忧的生活，就很不错了。

但是，迈耶相信只要自己不断努力，就能不断超越自己。他最早从父亲那里继承了衣钵，从事古钱币的买卖。

经过20年的苦心经营，他经营的古钱币激发了人们的兴趣，他也开始迈入富翁行列。

然而，他没有在自己习惯的这条发财路上一直走下去，当法兰克福有一家小银行要出让时，迈耶和他的五个儿子为之心动，他们动用所有的财产，大胆承接了这家位于莱茵河畔的小型银行。

在法国大革命和拿破仑战争时期，迈耶父子抓住战乱的机遇，大力拓展银行业务，并增加了对战略物资的经营业务。迈耶经过精心安排，决心和长子阿姆谢尔坐镇法兰克福总部，派三子内森到伦敦开设分行，五子詹姆士到法国巴黎开展生意，次子萨洛蒙到奥地利维也纳建立家族银行，四子卡尔到意大利那不勒斯开设办事处。

就这样，罗斯柴尔德家族完成了跨国经营的创举，这一举动，无疑是他们超越现有经营方式的非凡策略。此时，他们便可以利用在当地经营银行的便利，向交战国的王公贵族提供战时急需的物资和贷款，从中获取高额的利息和利润。

战后，他们又广泛涉足有价证券、政府公债、保险等领域，并大力投资采矿、铁路等领域。可以说，罗氏家族对欧洲工业革命有着很大的推动作用。当然，他们的财富也与日俱增，甚至左右着欧洲几个主要国家的经济命脉。

罗斯柴尔德家族的第二代、第三代，乃至第四代，至今仍一直恪守艰苦创业的精神。尽管有殷实的家底和显赫的家世，但后代们从不满足于现状，从不沉溺于已有的荣华富贵。相反，他们总在超越现状，超越自我，重新走向其他国家去开拓新的事业。

应该说，正是这种不断自我超越、不断追求上进的精神，成就了罗斯柴尔德家族二百多年的辉煌。

“食品大王”、好莱坞影星保罗·纽曼的故事更能说明犹太人是如何打破旧有的生活状态的。

纽曼是著名的影星，他有杰出的表演才能和先天的强健体魄，他是银幕上的男性偶像。

他曾五次被提名为“奥斯卡金像奖”最佳男主角，在他60岁时，荣膺“奥斯卡金像奖”最佳男主角，圆了自己40年的梦。此外，他还是出色的导演。他在电影上的成就，为他赢得了声誉和财富，他成了一位富有的艺术家。

保罗·纽曼是出生在美国的犹太人，他的父亲是一位小商人，母亲喜欢音乐、艺术。纽曼大学毕业后，留在父亲的商店工作。本来他做一个犹太商人也可以成功，可他不满足于日复一日的平淡生活。于是，在不解和怀疑的目光中，他毅然卖掉了杂货店，把资金投到了演艺界。他因在《金钱本色》中的成功表演而获奖。保罗·纽曼从商人转型成艺人，使其在新的领域赢得了更大的成功，也开发了自己在表演方面的天赋。

但是，保罗·纽曼的自我超越永远没有完结篇。在某个偶然的机会，他接触到了一种新的食品。这种新食品是拌面条用的酱汁，味道非常好，曾经作为商人的纽曼看到了其中蕴藏的商机。于是他与朋友合作，投资数十万美元开发这种食品，并成立了“保罗·纽曼食品公司”。

就这样，他又从艺人成功转型为企业家，并被誉为“食品大王”。

超越别人，不能算是真正成功；超越自己，才是真正成功。

用心理暗示牵着顾客的鼻子走

➡ 凭借“心理暗示术”，来实现自己推销产品的目的，可以说是犹太人的一个特长，因为他们明白，暗示的最大好处在于，暗示者不需要允诺任何承诺，而受暗示者就可能做出种种“投己所好”的允诺。

沃尔夫森是一个移居美国的犹太人杂货商的儿子，被誉为“金融奇才”。他从负债经营开始创立了自己的实业道路。他向人借了10000美元，买了一家废铁加工厂，将之包装成了一个赢利很高的企业。刚过28岁的沃尔夫森，财产一下突破了百万美元的大关。

1949年，沃尔夫森以210万美元的价格，买下了首都运输公司，这是设在美国首都华盛顿特区的一套地面运输系统。沃尔夫森有能力把亏损的企业办成高赢利的企业，这是大家都知道的。但这一次，还没来得及做到这一点，沃尔夫森就公开宣布：公司将要增发红利。诸如此类的手法，本身并没有特别出奇的地方，只是沃尔夫森发放的红利超过公司这一段时间里的赢利。这等于说，他以贴出公司老底的办法，人为制造企业高赢利的假象，借此策动人心，让公众产生对该企业的过高期望。

果然，首都运输公司的股票在证券市场被大家看好，价格一路上涨，趁此机会，沃尔夫森将其手中的股份全部抛出，仅此一举赢利竟达6倍。

沃尔夫森的实业王国当然不是完全靠策动人心建立起来的，但也不可否认，策动人心确实加快了其形成过程。

每个人都有一道心理防线。在神志清醒的时候，即便是职业刺探者也束手无策。

“怎么办？”

“将他击昏。”心理学家的回答肯定让你吃惊不小。

事实上，并非真正去把消费者打昏，而是对他们进行心理催眠，让他们“神志不清”，甚至“休克”过去。

心理催眠的方法很多，暗示是其中较为有效的一种。暗示过程实际上是使人不发动自己判断力，陷入某种精神状态（头脑不思维）或采取某种行动（下意识的行动）。

心理催眠可以强化回忆的能力，使人想起很久前的往事。

例如，电影放映过程中，突然插入了一段冰激凌广告，时间很短，一晃而过，观众还没有意识到是怎么回事时，广告已经消失。但在潜意识之中却留下了深刻印象。看完电影之后，大家都到剧院门外的售货亭买冰激凌。这则广告对于人们的购买行动起到了暗示作用。

可口可乐公司也用过这种方法，结果发现，影院旁的可口可乐销量提高了18%。

每一个人都很容易受到心理暗示的影响。例如，消费者看到某种维生素营养品的广告词“疲倦是疾病的开始”，就会受到“我是不是病了”的暗示，于是就感到愈来愈疲倦，只好遵从广告宣传，服用那种维生素营养品，疲劳就自然消失。

也许消费者根本就没有疲倦，只是由于暗示的影响而产生了这种幻觉。

哪些人更容易受暗示影响？女性容易受到暗示的影响，男性一般比较理性，不易受影响。

所以，以女性为对象的商品，利用这种暗示效果一定不凡，如“乌溜溜的秀发谁不爱（洗发精）”、“让你提前下斑（化妆品）”。一句“味道好极了（雀巢咖啡）”，更是让顾客皆大欢喜。

按年龄来讲，年轻人较易受到暗示的影响，儿童更是如此。

某家食品公司，印制了一些儿童玩具画册，与一般画册一样，只是在每页的左下角若无其事地印上自己的商标图案，这些图案，在幼儿的脑海中留下深刻的印象。儿时的记忆对于将来的购买行为会产生一定的影响。

暗示需要讲究策略。暗示过程一般分两个阶段：首先使消费者产生一种想法，然后在此基础上采取行动。也可以针对不同的商品、不同的人采取不同的策略。

例如：我们常见一种名叫“命令性策略”的暗示。这种策略将内容和目的直接告诉对方，使他们有危机感存在，迫使其果敢行动。如“数量有限，欲购从速”、“清仓大甩卖”、“紧急行动，除夕大赠送”，以及“跳楼”、“放血”之类的广告语。

“命令性策略”要求暗示语言精练。现代生活节奏紧张，消费者没有过多的时间去思考商家为什么甩卖，因此这种暗示会条件反射地引起消费者的兴趣，“跳楼大甩卖”会使消费者想到降价甩卖，于是消费者就产生了一种购买欲望。

第三章

挣钱策略：擅长把机会变成财富

做生意不可感情用事

➡ 犹太人从来不喜欢感情用事，他们认为感情用事是犯下愚蠢错误的开始。而理性思考的人才是真正明智的人。

一个犹太孩子和他的姐姐争夺玩具，他的姐姐不给他，他就哭了，他旁边的父母这样笑他：

“笑像风，哭像下雨。”

这句话是什么意思呢？

这是说笑就像风刮过去一样消失了，而哭就像下雨一样，雨过天晴就没有了水的痕迹。

在这些父母看来，小孩的哭泣是他自己的一种不愉快感情的宣泄，而感情的宣泄对小孩有什么好处呢？

小孩子任意地宣泄自己的感情，意味着他不肯动脑筋想办法，所以才会用这种无能的方式表达情绪。

犹太人很不喜欢这样单纯的感情发泄，他们需要的是事情的圆满解决，而事情的解决只能依靠动脑筋、想办法。

那么笑呢？也是一样的。

没有根据的笑，和不解决问题的哭都是一种短暂的感情宣泄，都是没有多大意义的。犹太人始终认为，在任何时候用理性的思考方式想办法去解决摆在面前的问题，才是真正有用的。遇到问题就感情用事，发怒、生气，是很没有意义、让人觉得可笑的事情。

用理性看待这个世界，决不要盲目。这是犹太人的思维方式。他们认为，在这个世界上，充斥着无知的偏激、盲目的躁动和人们的愚昧。而理性摒弃了我们的愚昧和偏见，所以人应该用理性恢复这个世界的本来面目。

在他们看来，生活中有许多灾难和挫败，都是我们自己的盲目和冲动性格造成的。

犹太人为我们列举了生活中，我们因冲动而造成的偏见：

“我一点儿都不像自己的母亲。”

“我忙得实在没有时间锻炼身体。”

“我根本不需要治疗……”

“我就是不想结婚……”

再如，大家都讨厌冲动的行为，但是犹太人却问：恶的冲动真的没有任何好处吗？有！如果没有恶或欲望的冲动，相信就不会有人盖房子、娶太太、生孩子，或者拼命地赚钱了。

但没有根据或不理性的憎恨，才是最大的罪恶。

犹太人这样理智地告诉人们，不要轻易地喜欢或憎恨一个人，除非你经过理性的考虑，觉得应该这样做。

那么，是不是人就不需要感情，不需要热情，只要一味的理性呢？犹太人把人的热情分为两种：一种是感情所煽起的热情，另一种则是理智所支持的热情。

犹太人认为，感情所煽起的热情是很危险的，因为感情时而高昂，时而低落，但却不能持久，理智则可贯穿终生。

爱因斯坦研究相对论时，一直都充满着热情，但却以理智为基础，用热情向困难挑战，终于得到了伟大成就。而缺乏理智的感情，过一段时间就会失去价值，这样的东西不珍贵，感情便是这种不能经受时间考验的东西。

作为商人，他应该是一个纯粹的理性主义者，他要用自己理性的态度对待商务上发生的一切事情，而不应该感情用事。

众所周知，犹太人是最注重遵守契约的人，如果有谁违反了契约，那他就会被认为是犯了绝不可以饶恕的错误。但是一旦发生这样的事情，犹太人会狠狠地谴责他们吗？

有个印度人和犹太人谈好了一笔生意，结果印度人不能履行合约了。这个印度人和犹太人打过交道，知道犹太人最讲究的就是生意的契约。他忐忑不安地去见犹太人，支支吾吾，措辞非常小心，还找出了种种理由试图说明不能履行合约的原因，同时他心里还在想对方是不是已经发怒了。

可是犹太人简单地听了几句之后，就立即打断他，平静地对他说："你违反了我们的合约，按照协议，应该赔偿我损失，这个损失是这样计算的……"印度人听了，大出意外，犹太人居然没有动怒。

其实，犹太人是聪明的，就算他再计较契约的严肃性，愤怒地谴责对方，也是没有任何意义的。事情已经发生了，现在只有尽快地弥补自己的损失才是最重要的。

犹太人在经营自己的公司时也是一样，如果自己的公司连续三个月都没有赢利，而且可以判断出三个月后仍然没有获利的可能，便会毫不犹豫地舍弃这个公司。

很多人在面临是否卖掉公司时，会为当初开创公司时投入的血汗而感到不值，或因为已经对公司投入深厚的感情而难以割舍。犹太人会轻松地一笑：

“伙计，公司又不是自己的老婆，有什么好留恋的？”

在犹太人看来，公司，只不过是牟利的工具而已，商人对公司是没有感情的，就像人不会对算盘或电话有感情一样。作为商人，他的任务是赢利，既然公司已经不能产生效益了，那么公司存在的理由是什么呢？

因此，在犹太人的生意经中，就有这样的观念：公司不仅仅是可以产生效益的场所，而且它本身也应该是一种商品，可以带来高昂利润的商品，可以在无数的人手中自由地流通。当初廉价买进来，经营好了再高价售出，这是企业最能创造利润的良机，为何要放弃？

他们的这个理论让以公司为家、以公司为事业生命的人听来，简直就是胡说八道。

可是犹太人觉得，只要对方肯出高价，买卖就可以成交。

公司卖了，自己可以换个地方，重新买地盖厂房，创立另一家更赚钱的公司。

犹太人就是这样，可以卖掉自己辛苦经营的公司。商人是理性的，他一切以自己的利润作为判断的标准，其他的东西不过是手段而已，商场不是谈感情的地方。

犹太人生意谈判的第一天，通常是以吵架结束的。

谈判那天，犹太人十分准时地到达谈判的地点，绝不让你等一分钟。双方见面后，犹太人非常地谦卑地向你问候，微笑着和你交流，那甜蜜的笑容，会让你觉得整个世界都是美好的。

然而一旦进入谈判，他们会把谈判的条件提得很高，距离双方的协议差距很远，而且为了合约上一个小问题，会和你讨价还价，双方于是开始不停地争论，最后变成了激烈的争吵，双方争吵得面红耳赤，甚至开始愤怒地谩骂。

这一天就这样结束了。

于是谈判的另一方气愤地觉得，犹太人简直太难打交道了，这笔生意十有八九是做不成的。

但是，就在第二天，犹太人又会和你约定谈判的时间和地点，他们说话的神情十分热情和真诚，态度是那样的温和与客气，好像昨天的种种不愉快没有发生过一样。

犹太人的态度变化如此之快，简直让人觉得不可思议，于是对方问犹太人态度大幅度转变的原因，犹太人哈哈一笑说：

“人的细胞代谢得很快，昨天吵架的细胞，已经被今天的温和细胞代替，所以今天没有必要再生气了。”

下面的谈判也是这样的，他们时时提出各种苛刻的条件，并且表示对方一定要接受，而对方提出的条件他们则一一否决，不予答应，乍听之下真是欺人太甚，让人忍无可忍，但他们就是要用这种态度来激怒对方。

于是你不自觉地就会认为很难把犹太人的条件降下来，而且你已经被他们激烈的争吵弄得头昏脑胀了，不知不觉就糊涂地答应了很多你事先决定不答应的事情，况且你已经厌倦这种争吵了，所以你希望尽快地结束这种谩骂式的谈判，无形中你就放弃了很多利益。

这就是犹太人谈判的招数：激怒对方，让对方在愤怒中失去理智，进而答应自己的条件。这就是犹太人的精明之处。要知道犹太人是非常理性的，他们在任何时候都能理智地处理问题，不会感情用事。

就算他们在谈判中显得十分愤怒，其实他们的心里十分明白自己是在干什么，一旦你被他们表面的愤怒所感染，心理失去平衡，那你在谈判中就会白白地放弃自己的利益。

思考时请让感情离开，因为你需要的是理智。生意人应该是彻底的理性主义者。因为金钱和利润是可见的、真实不虚的，而感情是无形的、很快消逝的。

注重数字，习惯数字

➡ 数字能精确地反映企业的“健康”状况，比如说，你的经营状况全部反映在账目的数字变化上，你的账面反映了一切，你根本不需要去看你的库存、看你的规模，只要看数字，就知道企业所有的经营状况了。

犹太人思维缜密，尤其对于数字的运用更是熟练。他们把这个优点应用在经商上，用数字来思考，来认识社会，让数字为自己服务，这是犹太人的精明之处。

注重数字，习惯数字，这是犹太人几千年来总结出的经验。首先，让数字渗透到生活的各个角落，然后从生活惯用的数字中，找出一条经商原则，以此为赚钱的根本。

犹太人还可以把数字应用到生活中。

犹太人用精确的数字来描述生活的细节，他们说：“今天25度，今天17度。”不说：“今天是个好天气、今天冷了。”

热爱数字，会用数字，这是犹太人经商成绩冠绝于世的一个重要原因。

如果你是商人，你就一定要学会运用你的数学思维，对你的成本利润进行核算，这对于你经商是大有裨益的。

在犹太人的经商理念中，如果想要赚钱，就要把数字准确地运用到生活中去，并经常接近它。

犹太人无论是在日常生活中，还是在做生意时，都可以把数字玩弄于股掌之中。

犹太人的皮包里一直会有一个计算器，他们对数字有着绝对的自信。犹太人爱做笔记，他们把日期、金额、交货期限、地点，样样都要写明白，不让自己出现错误。

生意人注重数字是理所当然的，其中特别值得注意的是，犹太人平时就将数字运用到生活中，才能很自然地把数字当成生活的一部分。

更让人称绝的是，犹太人善用数字的传统，竟然被时代给印证了：现代的商业越来越重视数字了。现代生活越来越向数字化靠近了，我们的姓名和各种资料都已经被数字取代了，现代办公也已经走向无纸化办公时代了。

由此可见，作为一名老板，还真的需要培养犹太人那种对数字的敏感。说来也奇怪，虽然不是每一个对数字敏感的人都会成为老板，但是优秀的老板会牢牢地把握数字的力量。

相反，让企业倒闭的老板，则大多是对数字不甚敏感的人。把企业的账目都托付给财务负责人，而只问赚了多少钱的人，即使他们知道企业的保险箱和银行存款里还有多少现金，也必然对有多少借出款和欠款，有多少赊账和票据等，全然没有任何了解。当然了，对目前企业有多少固定资产、负债多少等更是一概不知，即使他们了解每月、每年度的大概销售额，但大脑中却全然没有成本费用的概念。

如果一个人算不清账，他的账就会找他“算账”。讨厌数字的经营者，连公司现在的资产和负债都搞不清楚，却仍在掌舵公司，对于经营者自身，对于股东和员工，这都是非常可怕的事。

三十年河东，三十年河西

➡ 什么是逆境？逆境就是命运看你不顺眼的时候，也是人们遭受挫折或失败的时候。在人的一生中，这种境况大概谁都会碰到几次，问题是我们应该用怎样的态度去对待逆境。

怨天尤人、灰心丧气是人们面对逆境时，最常见的一种态度。很多人只要遇到一连串的打击或不幸，通常就一蹶不振、沉沦颓废，很多人就这样从人间蒸发了，我们再也听不到他们的任何消息。

事实上，面对逆境，有些人懂得以坚强不屈的态度来面对，屈身忍耐、静心等待，他们坚信万事万物都是一直在变化的，“三十年河东，三十年河西”，说不定哪一天时来运转，就可以东山再起。

还有一种态度，就是把逆境看做是很平常的事，任凭风吹浪打，依然不为所动。这种人已经看透了人生。

此外，也有人把逆境看成是一种人生挑战，正因为有外来的压力，才能激发出他的潜力。

还有一些人好像就是为逆境而生的，当他一帆风顺的时候，他也许反而昏昏欲睡，而一遇到逆境，有了压力，他反而精神抖擞，变成了勇者。

曾有位心理学家做过这样的实验：

他把100个人分成A、B两组，A组的人所处环境舒适，可以打高尔夫球，有高级轿车接送，打桥牌，吃西餐，总之，他们的一切需求和欲望都可以得到满足。

B组却无论做什么都不如意，要吃饭电饭锅坏了，口渴了水却很脏，想洗澡才发现停水，肥皂也发霉变黑。

就这样过了六个月，A组的人整天昏昏然，精神不济，对人生感到无聊和空虚；而B组的人却精神抖擞，随时有很多解决问题的创意。

因此，逆境也可说是人生的一道分水岭，有的人就此销声匿迹，有的人从逆境中崛起，人生和事业就此进入一个全新的境界，整个人也脱胎换骨，像破蛹的蝴蝶一样，获得新生。

在两千多年漂泊流离的生活中，犹太人一直处在逆境之中，在这漫长的日子里，他们学会了忍耐和等待，学会了低调做人，学会了如何在逆境中求生。

英国籍犹太人詹姆士年轻时沾染了恶习，像个花花公子，把父亲留给他的一笔财产花光后，生活也难以为继，这时他才觉醒要努力奋斗，决心从头做起。

他从哥哥那里借来一点儿钱，自己开办一间小药厂。他亲自在厂里负责生产和销售工作，每天工作18个小时，把工厂赚到的一点儿钱积蓄下来扩大再生产。几年后，他的药厂办得有点规模了，每年有几十万美元的获利。

但詹姆士经过市场调查和分析研究后，发现当时药物市场发展前景不大，又了解到食品市场前途光明。毕竟，全世界有几十亿人口，每天总要消耗大量各式各样的食物。

经过深思熟虑后，他毅然卖掉了自己的药厂，再向银行贷得一些钱，买下一家食品公司的控股权。

这家公司是专门制造糖果、饼干及各种零食的，它的规模不大，但经营类别不少。詹姆士掌控该公司后，在经营管理和营销策略上进行了一番改革。他首先将产品规格和包装加入创意，例如，把糖果延伸到巧克力、口香糖等多个品种；饼干除了增加品种，细分为儿童、成人、老人饼干外，还向蛋糕、蛋卷等点心类领域发展。就这样，他的公司销售额迅速增长。

接着，詹姆士在市场领域上下功夫，他除了在法国巴黎经营外，还在欧洲许多国家开设分店，形成绵密的连锁销售网。随着业务的增多，资金变得雄厚，詹姆士又随机应变，收购了英国、荷兰的一些食品公司，使旗下产业形成大集团，在全世界成名。

詹姆士的成功，关键在于他当初懂得取舍。当他发现小药厂的前途不好时，能及时舍弃，然后大胆转向食品行业，才有了后来的事业成就。可见，懂得放弃，懂得掌握退场时机，也是商场上的关键策略。

逆境也许是一种淘汰机制，它凭借残酷无情的逆境，来达成优胜劣汰的目的，让禁得起考验的人，就此脱颖而出，开创不凡的事业。

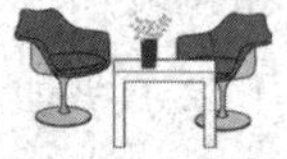

竞争意味着适者生存

➡ 犹太人所遵奉的法则就是残酷的“丛林法则”，竞争意味着适者生存，优胜劣汰。我们是在和别人赛跑，也是在和自己赛跑，我们能掌控的只有自己。时间永远不停地向前，在时间的追赶下，我们只能不停地向前奔跑。

有这样一个著名的故事。

挪威的渔民出海去捕沙丁鱼，他们将鱼放入鱼槽运回码头。抵达码头时，如果鱼仍然活着的话，就可以卖很高的价钱。

但是，沙丁鱼却很容易在抵达港口前就死掉，于是他们千方百计地要让鱼活着回海港。

但是，除了一艘渔船外，其他渔船不论如何努力想让沙丁鱼活着，都告失败。这艘让沙丁鱼成功活下来的渔船船长，一直不公开他的秘密，直到他死了以后，人们去参观他的鱼槽，这个秘密才被揭开：原来，沙丁鱼槽里不过是多了一条鲇鱼而已。

为什么放入一条鲇鱼，就能让沙丁鱼活下去呢？

原来，鲇鱼放进鱼槽内，由于环境陌生，便会四处游动甚至到处挑起骚动，而大量的沙丁鱼发现多了一个“异形”入侵，自然就紧张起来，于是便不停地游动奋战。这样一来，槽内的沙丁鱼就活蹦乱跳地被运到了港口。

这就是“鲇鱼效应”。这个故事告诉人们，只有不停地战斗，生命力才会源源不绝。只有不停地奋斗，我们在最恶劣环境中，才能处于不败之地。

施特劳斯是著名的梅西百货公司的创始人，也是20世纪二三十年代全美首屈一指的富豪。然而，他最初不过是一个贫困犹太人家庭的苦孩子，他生于德国，后移居北美。由于贫困，他不得不在读完初一后就辍学，当了杂货店的童工。

他学历不高，但深受犹太人传统教育的影响，幼小的心灵已播下了为人生奋斗的种子。他想凭借自己的努力与奋斗，去开拓自己的事业，为了这个目标，他一刻也没有停息过。

他从14岁开始，白天在杂货店干活，晚上读书。他勤奋聪明，做事也十分利落，老板很赏识他，慢慢地，他从打杂工人升为记账员，又升为营业员，再升到营业部经理，直至最后当上了公司的总经理。

这时，虽然有了可观的收入，但他毫不满足、毫不松懈。他利用自己的积蓄开设了一家小百货店，取名为梅西百货公司。凭着自己的努力和经验，加上成功的销售策略，梅西百货公司快速发展，几年时光便成为一家中等的百货公司。

但他仍不满足于目前的成绩，他决心将梅西百货公司办成全美乃至世界一流的百货公司。于是，他主动做市场调查，发现在北美这样的市场，应该运用以顾客为导向的行销策略。

另一方面，他要求公司的销售人员要对公司的商品有相当的了解，真诚地为顾客着想，务必要让顾客感到满意。同时，他也推出了“免费送消费者赠品”、“摸彩送奖金”、“新品免费试用”、“新品现场示范”、“时装表演”等各种新颖的促销手法。

在当时，梅西百货公司的业绩和信誉远远领先于别的公司。正是在这不断进步的30多年中，梅西公司由小变大，最终成了世界一流的百货公司。

施特劳斯的成功证明了一个道理：只有不断探索、不断前进的人才能赢得成功，才会在人生和事业中，永远保持最佳状态；否则，沉溺于一时的成功或安于一时的快活而停下脚步，最后还是会成为别人的手下败将，从市场中消失。

人就是这样，只有在不断努力中才不会失去斗志。有位著名的登山运动员接受记者的采访："你已经是登山者中最成功的一位了，为何还要去登那座无人敢登的山？"

他淡淡地说："因为，山就在那儿。"

生命有限，时光荏苒。只有奋斗不止，方能生生不息。生命的意义就在于不停地前进，向更高的目标挑战，不是为了别人，也不是为了掌声，而是为了人生的意义。

多思考，准确地找到奋斗的方向

➡ 当两个犹太人在一起的时候，就至少会有三种观点；而三个犹太人在一起的时候，就至少要有四种观点，这样他们才觉得是比较全面的观点。

善于思考的人，他的思维是全面的。在别人说“1”的时候，他应该想到的是“2”。

我们知道，一个点只能代表它是一个点，两个点就代表它们之间是一条直线，而不同的三个点，就形成了一个三角形，在这个三角形里面，所有的东西都属于这三个点。因此，在看待问题的时候也应该这样，看到了三个角度，就基本上看到了整个事物的立体面，也就接近事实的全部了。

因而，犹太人的法庭上是这样规定的：如果所有的法官都一致判定某个人有罪，那么，这个判决是无效的，因为都是一样的观点，说明这个案子大家都只看到了一个方面，而忽略了其他重要的方面，因而大家的观点都是片面的，不具有客观性；如果一部分法官认为是有罪的，而另一部分法官认为是无罪的，那么这个判决就被认为是客观的，是有效的判决，因为有不同的观点提出，证明大家是从多个角度看问题的，是比较全面、客观的评价。

在做证的时候，必须至少有三个证人出面证明，才可以证明嫌疑人是否有罪。因为这三个证人是从不同的角度，来阐述这个人的犯罪情况，因而他们的意见可以采信。

专心做自己的事情，把时间花在你真正需要用的地方，因为衡量人的工作价值，不是根据你劳动量的多少，而是你的实际有效的成果有多少。

《塔木德》上记载了这样的一个小寓言：

一只蜜蜂和一只苍蝇同时掉进了一个瓶子，在这个瓶子的瓶口处有一个小口。蜜蜂整日在瓶子的底部转来转去，它每日充满希望地一刻不停地咬啊、叮啊，希望自己可以叮破这个瓶子，就可以出去了。

结果，三天之后，它死在瓶子里面。苍蝇呢？它在瓶子里转了几圈后，发现四周都很坚固，于是就飞到瓶口处，意外地发现那里有一个口子，就飞了出去。

这个小寓言告诉人们：准确地找到奋斗的方向，不要把精力用错地方，像蜜蜂一样不停地撞瓶底，就算再努力，也是徒劳无功。

这也就是许多人终身劳碌却一无所获，而有些人不甚忙碌却颇为富有，甚至是不劳而获的原因。

事实上，后者看似清闲，却是把全部的精力放在了真正应该投入的地方。他明白应该在什么地方投入更多的精力，而有些事情根本不需要投入精力。前者这类愚勤的人，看似终日奔忙，但是却不知道自己真正该做的重点是什么，他们的原则是：这是工作，就要完成，至于为何要完成这些工作，怎样才能完成这些工作，他们全然不知。他们一心想的是拼命做，再做，再多做一点。这样大量的精力被放在一些不重要的事情上，难怪投资跟报酬永远成反比，就好比射击没有瞄准靶心，只会浪费子弹，投入愈多，得到的反而愈少。

华尔街聚集了来自世界各地的投资者，这里是世上最精明投资商争夺利益的战场。许多投资人每天都要紧盯着计算机看行情的报价，不放过任何一个市场分析或评论的文章，因为他们明白假如错过任何一个有价值的信息，就可能失去一次发财机会，甚至亏损连连。

因此，他们整天都待在自己的办公室里，紧张地研究和分析各种可能发生的情况。回家之后，还在不停地思考和预测未来的变化。光在办公室里，他们每周都至少工作80个小时以上，然而每每事与愿违，他们的投资大多以亏本告终。

当时，著名的金融家摩根也在这条街上创业，不过他与众多的投资者不同。人们大多数时间是看见他在休假，或者是在娱乐，他每周的工作不到30小时。人们大为不解，就问他为何如此轻松却赚到了那么多的钱？他回答说：

“我每天到处游荡，其实也是工作的一部分，只有远离市场，才能更客观地分析市场。那些每天都守着市场的人，最终会被市场中出现的每一个细节所左右，也就失去了客观的判断力，等于是被市场给愚弄了。”

只会埋头工作的人，往往看不清市场的真面目，甚至被市场所愚弄，当然要白费力，赚不到钱了。而摩根在玩乐中，超然于纷繁复杂的市场之外，他能够极其冷静地判断目前的市场走势，透过光怪陆离的表面看清楚问题所在，这才是摩根的过人之处。

著名的犹太人企业家吉威特，他经营多家餐馆，又承包了大量的工程，还创办报纸。他一个人是怎样兼顾这么多产业的呢？原来，对于报社的经营，他完全委托给报社负责人，自己并不亲身参与，但是对业绩的监督却丝毫不放松，他让负责人定期向自己汇报最近的业绩，如果情况不好，就让他们拿出解决的方案，他只看最后的结果就可以了。

对于建筑工程也是一样，他向工程的负责人指示：只要不发生错误，他从不干涉。他认为对经营者来说，这是一种应该遵循的原则：只指出方向，然后把一切托付给实际负责人，要“用人不疑，疑人不用”，这样才能使得各项事业皆能顺利发展。

这就是吉威特的过人之处，也是经营者应该遵循的原则。

洛克菲勒这样说：“我永远信奉做事越少，赚钱越多的真理。我的时间有限，我只去做那些需要自己思考的事情，这才是我经商致富的关键。”

善于思考问题、多想问题是商人应该做的事情。为了避免做错决策，应该全面地看问题。

尽力帮助别人

➡ 当你拯救朋友，助其脱离泥淖时，绝不可害怕自己沾上肮脏的泥巴。

犹太人有很强的团结互助观念。对于自己的同胞，犹太人是尽力帮助的。富人会尽力帮助穷人，并认为为其提供帮助是富人的责任，获得帮助是穷人的权利。

犹太人在交纳税款时，富人往往自觉地替穷人掏腰包，犹太人养成了救济自己同胞的习惯，哪怕是穷苦的犹太人，也都保存着一个装钱的小盒子，准备施舍给比他们更穷的人。

在一些犹太社团中，设有“吃饭日”的制度。穷苦的犹太学生分别到不同的犹太人家中去吃饭，以便使得这些学生能够安心读书。

犹太人帮助自己的同胞，始终是尽心尽力的。富人帮助穷苦犹太人的方式，是为他提供一份礼物或贷款，或者接受他作为商业伙伴，或帮助他找到一份工作，使他今后无须靠别人就能维持生活。

《塔木德》中有句名言说：“谁是世界上最强的人？答案是化敌为友的人。”

犹太人认为，谅解并接受曾经伤害你的人，才是最好的待人之道。为此，犹太人高度赞美那些能忍受侮辱，听到别人诽谤自己却不反击的人。

犹太人是十分团结的，东欧一些国家的犹太人社团成员，为了消除彼此间可能存在的隔阂，在赎罪日前夕做礼拜时，往往真诚地向相遇者打招呼，说声："请宽恕我。"

这个时候，那个人肯定会全神贯注地听完他的话，然后立即回答："我宽恕你。"他也要向对方寻求宽恕。

这种方式成为犹太人中一条不成文的惯例，就是社团的首领和德高望重的长者也不例外。

有的时候，如果两个犹太人误会太深，见了面都视而不见，互相躲避，这时与他们都很熟的老人就会主动上前，使其中一方首先开口，这样做，至少会使他们平息怒气，甚至握手言和。

在新的移民地区中，虽然犹太人没有严密的组织，但是在很多地方，犹太人自行做出了两条不成文的规定：每周聚会一次，或集体做礼拜，或开研讨会、看电影、欣赏音乐等；在住宅的选择上，他们也要发扬集体主义精神，尽可能住在一起，这样在发生意外时可以相互援助。

犹太人认为：没有朋友的人，就如同失去了手臂一样。因此，他们把朋友分成三种：

第一种朋友像面包，这种朋友是经常需要的。

第二种朋友像菜，这种朋友是偶尔需要的。

第三种朋友像疾病，这种朋友应尽量避开。

有人问犹太人为什么要这样帮助自己民族的人，

犹太人会回答："我们自己不帮助自己，难道还有别人帮助我们吗？"

从小就注重财富观念的教育

➡ 犹太人中巨贾富商辈出，这除了他们自身的勤奋努力外，还与他们早期所受的家庭教育是分不开的。

犹太人从小就注重财富观念的教育，尤其是对于教育的投资更是世界闻名：他们会给刚满周岁的小孩送股票，这是犹太民族的惯例。尤其是今天聚集在北美的犹太人更是这样。

犹太小孩3岁的时候，他们的父母就开始教他们辨认硬币和纸币；5岁的时候，让他们知道钱币可以购买许多他们想要的东西，并且告诉他们钱是怎样来的；7岁的时候教他们看价格标签，以培养他们“钱能换物”的理财观念；8岁的时候，教他们去打工赚钱，把钱储存在银行的账户里；10岁的时候，教他们懂得每周节省一点钱，以备大笔开支使用；十一二岁的时候，教他们从电视广告里看穿广告包装的假象；再大点，就教他们设定并执行两周以上的开销计划，正确使用银行业务的术语。

这样，他们很小就了解了金融方面的知识，年龄稍大他们就对金融业的运作模式很了解了。这也许就是为什么犹太人在金融业中占有优势的原因，他们一直垄断着全世界的金融行业，和他们从小就对钱很敏感的这种特质有着很大的关系，难怪人们都说犹太人是“天生的金融家”。

著名的石油大王洛克菲勒从小就接受了财富观念的教育。

洛克菲勒出生于一个典型的犹太家庭，他的父亲经常用犹太人的教育方式，教导他的几个孩子。

父亲从他四五岁的时候就让他帮妈妈提水、端咖啡，然后给他一些零用钱。他们还把各种家务劳动都标上了价格：打扫10平方米的房间可以得到0.5美元，打扫10平方米的室外空间可以得到1美元，为父母做早餐可以得到12美元。

他再大点的时候，父亲就不给他零用钱了，只告诉他，如果想花钱，就自己去赚。

于是他到了父亲的农场帮父亲打工，帮父亲挤牛奶，出去送货，包括提牛奶桶，都要算账，他把自己为父亲做了多少事，都记录在自己的记账本上，到了月底，就和父亲结算。每到月底，父子俩就对账本上的每一个工作内容的报酬开始讨价还价，他们经常会为一点小钱而吵起来。

不久，洛克菲勒就把从父亲那里赚来的50美元贷给了附近的农民，他们约定好利息和归还的日期之后，到了时间他就准时去讨债，毫不含糊地收回53.75美元的本息。

这件事令当地的农民觉得不可思议，他们心想：这样的一个小孩，居然有这么精明的生意头脑。

洛克菲勒成名之后，他也用这套方法来教育他的子女。他拒绝他的儿女们进入自己的公司，即使是他的妻子，他也极少让她进入公司，除非有什么急事。

有一次，他15岁的二女儿玛莉亚因为有事情找他，直接去了他的办公室，恰巧他出去办事不在，等他回来后，知道了玛莉亚进过他的办公室，当即大发雷霆。

这就是洛克菲勒式的教育方法，因为他要让他的子女们知道，必须靠自己的奋斗去得到成功，绝不能因为自己是富翁，而让子女有任何的依靠。

在他家里，他搞了一套逼真的虚拟市场经济模式：洛克菲勒让自己的妻子当总经理，让自己的孩子们做家务，由自己的妻子根据每个孩子做家务的情况，给他们零用钱。他的家似乎就是一个公司。

洛克菲勒认为，要想拥有金钱，不但要学会赚钱，同时还要学会理财和节俭，学会“开源”和“节流”两套本领。

洛克菲勒还让他的孩子们学着记账，他要求他的孩子们，在每天睡觉时必须记下当天的每一笔开销，无论是买玩具还是买铅笔，都要如实地一一记录。洛克菲勒每天晚上都要查看孩子们的记录，无论孩子们买什么，他都要询问为什么要买这些东西，让孩子们做出合理的解释。

如果孩子们的记录清楚、真实，而且解释得有理由，洛克菲勒觉得很满意，那他就会奖赏孩子们5美分。如果他觉得不好就警告他们，如果再犯错就从下次的零用钱中扣5美分。

洛克菲勒经常告诉孩子们，要学会过有节制的生活，他在厨房里摆放了6个杯子，杯子上写着每个孩子的姓名，里面装的是孩子们一周食用的方糖。

如果哪个孩子贪吃了自己杯子里的糖，那么等到别人喝咖啡放方糖的时候，他就只有喝苦咖啡了。

经过这样的几次训练，孩子们都知道了有节制的生活是有好处的，而随便浪费自己的东西，用完了，就只有无可奈何了。

犹太人这些早期的有关财富理念的教育，让他们很早就学会怎样投资，怎样获得财富，怎样理财。这些教育，都为他们日后的成功，打下了坚实的基础。

再看看其他孩子们，在他们小时候，父母却在教他们如何听话，教育他们怎样才能赢得大人的欢心，做一个让家长、老师都满意的孩子。

为了让孩子以后能有所成就，父母送他们进音乐班、绘画班，希望他们能培养自己的一技之长。

他们从小做的所有事情都被父母所管制，喜欢什么，不喜欢什么，都由父母决定。甚至他们的孩子很大了，还无法独立生活，需要人来照顾。

正是因为有这样的早期教育落差，犹太人和其他民族的人一起开创事业时，总能展现出过人的才能和效率。

人的能力不是天生的，是从小培养的。想要成为富有的人，童年的财富观念教育是不可缺少的。由于犹太民族自古以来就有经商的传统，积累了丰富的商业经验。这也是犹太人能成为“世界商人”的重要原因。

有钱一起赚

➡ 团队精神，需要人们能够互相理解、互相帮助，把个人的优点发挥出来，把个人的缺点逐渐弥补上，使整个团队趋向于完美。犹太人正是凭借强大的凝聚力才得以发展至今，并且成为世人瞩目的焦点。

大多数犹太人信奉双赢理念。大多数犹太商人进行商务活动，能够通过巧妙调整而实现双赢。

莱曼兄弟公司，是一家有150年历史的美国老字号公司，20世纪70年代末期，每年利润高达3500万美元，而它的创业也颇具传奇色彩。

1844年，德国维尔茨堡的一个名叫亨利·莱曼的人移居美国，他与自己的两个弟弟——伊曼纽尔和麦耶一起定居在亚拉巴马，并开始做起杂货生意。

亚拉巴马是美国的产棉区，农民手里都有棉花，所以莱曼兄弟积极鼓励农民以棉花代替货币来交换日用杂货。这样做是不是与犹太商人一贯奉行的“现金第一”的经营原则不符合呢？但莱曼兄弟的账却算得很清楚，他们认为：以商品和棉花相交换的买卖方式，不但能吸引那些一时没有现钱的顾客，而且能扩大销售量；同时在以物换物并处于主动地位的情况下，能操纵棉花的交易价格；经营日用杂货本来需要运输，现在在空车进货之际，顺路把棉花捎去，还能节省一笔较大的运输费。这种经营方式可称为“一笔生意，两头赢利”，买卖双方都有得赚，何乐而不为？

在商业经营活动中，犹太人对理性计算特别感兴趣，即合理追求利润或者叫作投入产出比。

例如犹太裔美术商贾尼斯特别注意招徕潜在顾客，特别是那些大专院校中的女孩子。因为这些女孩子即将步入社会，一旦培养起她们对美术的兴趣，那么不仅她们会经常光顾，将来她们还会偕同自己的丈夫来购买美术品。

在买卖中把握双赢的技巧，是大多数犹太商人的经商原则，这使得他们的生意越做越大。犹太人这种“一笔生意，两头赢利”的赢钱之道是符合现代商业规律的。根据这一商业规律犹太人认为：

第一，过去，公司为了赚钱，总想独霸市场，一心想着挤垮同行。他们在处理与同行的关系上，多是互相诋毁，互相攻击，互相欺骗。不仅信奉“同行是冤家”，而且坚持认为“三十六行，行行相妒”。如今，现代社会的企业提倡竞争，鼓励竞争，但竞争的目的是为了相互推动，相互促进，共同发展。

第二，经商好比两军相争，非胜即败。在市场竞争中，谁都想胜不想败。说市场竞争中的各公司是“敌手”，因为他们在彼此竞争中带有以下性质：一是保密性。竞争者在一定阶段、一定情况下，都有一定的保密性。二是侦探性。竞争者几乎都在彼此刺探情报，以制订战胜对方的策略。三是获胜性。竞争诸方无一不想胜利，都想获取一定利润，让自己的产品占领市场。四是克“敌”性。假若市场不能容纳全部竞争者时，任何企业都想保存自己而“灭掉”对方。

第三，虽然竞争对手间的关系有点像战场上的“敌手”，但就其本质来说是不一样的。这是因为：公司的产品是满足社会需要的，公司赚的钱也为国家、公司和员工三者所用，公司间的竞争手段必须是正当合法的，在这种意义上讲，公司之间完全可以相互帮助、支持和谅解，应该是伙伴关系。

第四，市场竞争是激烈的，同行业的公司之间的竞争更为激烈。竞争对手在市场上是相通的，不应有冤家路窄之感，而应友善相处，豁然大度。这好比两位高手比武，一方面要分出高低胜负，另一方面又要互相学习和关心，胜者不傲，败者不馁，相互间切磋技艺，共同提高。

第五，在市场竞争中，各公司为了自己的生存发展，竭尽全力与对手竞争是正常的现象。但是，在竞争中一定要运用正当手段，也就是说只能通过质量、价格、促销等方式进行正大光明的“擂台比武”，决一雌雄，切不可用不正当手段损害对手。

第六，海阔凭鱼跃，天高任鸟飞。市场的多元化，使得每一个有灵敏头脑的老板，都不必为自己受排挤而妒火中烧，而应果断地避开众人，踏上冷僻的羊肠小道，一样能够到达光辉的顶点。

现代社会中，市场形势瞬息万变，市场形势此时可能对甲企业有利，眨眼间就可能变得对乙企业有利。所以，企业老板应“风物长宜放眼量”，不应当以一时胜负来论英雄，更不应因一时失利而迁怒于竞争对手。

“物以类聚，人以群分”，如果将组织比喻为一个完整的人体，团队便是构成人体的各类系统，如消化系统、循环系统等，个人则是组织或团队中最基本的细胞。否定个体，整体就不复存在；否定整体，个体便失去了意义。

抓住细节就抓住了机遇

➡ 留意生意场上的每一个细节，是犹太人经商的另一个特点。

有一家犹太人经营的服装公司——“列瓦伊·斯特劳斯公司”，靠促成服装行业的一场革命——牛仔裤风靡一时。

列瓦伊·斯特劳斯是该公司的创始人。19世纪50年代，美国加利福尼亚一带一度掀起“淘金热”。年轻的列瓦伊·斯特劳斯尽管也在加利福尼亚凑热闹，但为时已晚，从沙里淘金已到了尾声，但他却出乎意料地在“斜纹布里淘出了黄金”。

列瓦伊·斯特劳斯去加州时，随身带了一大卷斜纹布，想卖给制帐篷的商人。到了那里才发现，人们不需要帐篷，却需要耐穿的裤子，因为整天同泥和水打交道，裤子坏得特别快。于是，从这卷斜纹布里就诞生了列瓦伊·斯特劳斯制作的第一条牛仔裤。10年以后，他又在裤子的口袋旁装上铜纽扣，以增强口袋的牢固度。此后，列瓦伊·斯特劳斯开始大批量生产这种新式的裤子，销路极好，引得数以百计的其他服装商竞相仿效，但列瓦伊·斯特劳斯的企业一直独占鳌头，每年约售出100万条这种裤子，营业额达5000万美元。

列瓦伊·斯特劳斯是个单身汉，他在1902年72岁那年去世。他的“列瓦伊·斯特劳斯公司”自此就由他妹妹的4个孩子接管。一直到

1971年才成为股份公司，仍旧由他们的后代经营。4个外甥接下舅舅的公司之后，经营得不错，公司不断发展，业务范围也随之扩大，开始经营呢绒、裤子、毛巾、被套、床单和内衣。1946年，老列瓦伊·斯特劳斯的曾外孙瓦尔特·哈斯·耶尔决定清理所有库存物品，把列瓦伊·斯特劳斯公司的全部资金用于生产牛仔布料。这种由10股3号棉纱织成的布料，后来获得了专利。

哈斯不是一个理想主义者，也未曾预见到这个决定会引发一场社会革命。他只是做出了一项经营决策，更准确地说，他只是想“搏”一下，输赢在此一举，看新布料能否取胜。

用新布料生产的牛仔裤特别有助于凸显出人的体形，充满青春气息，生产出来后就大受欢迎。20世纪60年代，传统规范和价值观念受到怀疑、抨击和唾弃，而牛仔裤以其不拘一格的特点，成了最能体现时代潮流的服装。

这场服装革命带来的直接后果是，它使服装不再能显示穿着者的身份。如果说，原先批量生产的服装，使一个公司的推销员穿得像总经理一样，而牛仔裤却使总经理穿得像推销员一样。而且牛仔裤不分性别，男人女人都能穿。牛仔裤也没有新旧之分，甚至旧的更好。这本来是因为牛仔裤布料容易旧，但公众由于过于喜爱牛仔裤而把它的缺点一起喜爱上了。服装史上第一次出现了“生产旧裤子，甚至破裤子”的工厂，经过磨损、褪色和打过补丁的牛仔裤，虽然一副破相，却更好销，价格也更高。

因此，瓦尔特·哈斯·耶尔的这一冒险行为，竟发掘了一个延续了半个世纪的大时尚，如果从老列瓦伊·斯特劳斯的第一条牛仔裤算起，已历经一个世纪之久。

“泰山不拒细壤，故能成其高；江海不择细流，故能就其深。”可见，大礼不辞小让，细节决定成败。

敢想才敢做

➡ 犹太人的比喻是非常幽默的，他们说，有三种东西不能使用过多，那就是：做面包的酵母、盐、犹豫。

酵母放多了面包是酸的，盐放多了是苦的，犹豫多了则会丧失稍纵即逝的战机。

犹豫是因为恐惧失败。失败让人变得谨小慎微。犹豫的表现是以各式各样的借口延缓行动，结果往往是坐失良机。

这就是“坐而言商不若起而行动”。有行动才有事物的转变。犹太人在历史上饱受欺凌，如果只是默默地苟延残喘而不变通生存方式，恐怕早就灭绝了。犹太人正是敢于正视现实，正视险恶，心存目标，埋头苦干，终于突破现状，立足并扬名于国际商界。

犹太人的格言说：人生之门不是自动门，若我们不主动地推开或拉开，它就永远关闭着。

年轻推销员往往没有勇气去敲开顾客的门。他们缺乏应有的想象力，不知道叩开顾客之门就是叩开自己的成功之门，他们恐惧失败，不敢冒险。

如果年轻时不敢冒险，到老将一事无成。不采取行动，一切会越来越糟糕。

让不成熟的行动走在万全的思想之前，才是上上之策。行动尽管不完全成熟，但可以收到实效。只有产生实效的行动才可能给思想提供依据，有依据的思想才会有巧妙之处。坚实的行动与非凡的思想相结合，事业才能获取更大成就。

人生难得一帆风顺。如何面对困境，从容应付；如何面对危险，机智化解，这都是经商中应具备的素质。

第四章

赢钱策略：让别人从口袋里自愿掏钱

金钱不是高不可攀的圣物

➡ 有许多犹太富翁，他们手中掌握着数以百万、千万甚至亿万计财富的时候，他们感觉手里拿的不过就是一堆纸而已，不觉得这就是能够为人带来祸福安危的东西。

要想赚钱，就绝对不能给自己增加心理的负担，而是应该十分从容地、冷静地对待，对金钱不感兴趣自然赚不到钱，然而把金钱看得太重，也就使自己背负了沉重的包袱。这个时候，你所需要做的就是彻底地忘掉钱这回事，千万不要再把它当作是一种沉重的负担。

犹太人注重金钱，金钱在他们眼中显得无比神圣，但是在赚取金钱的时候，他们已经把金钱当作是一种十分普通的东西，就和纸张、石头一样，丝毫不觉得金钱有烫手的感觉。

犹太人只把金钱当作是一种很好玩的物品，它在刺激着人的神经。人们投入资金时，就相当于投入了一次次危险且有趣的游戏，当这个游戏胜利结束的时候，也是令人极为欣慰的。

犹太人这样形容自己：在赚钱的时候，你就进入了一个游戏的世界，作为游戏的参与者，你要不停地和对手较量，你要用一切手段来胜过其他的人，你要超越所有的人，才可以赢得最后的胜利。

著名的金融家摩根就有着这样的赚钱观念，也就是决不让赚钱变成一种沉重的负担，而是一种新鲜刺激的游戏，他认为只有以这种游戏的心态去赚取金钱，才是正确的赚钱态度。

摩根有一个习惯：每当黄昏的时候，他就到小报摊上买一份报道股市收盘的晚报回家阅读。当他的朋友都在忙着娱乐的时候，他却说：

“有些人热衷于研究棒球或者足球的时候，我却喜欢研究怎样赚钱。”

他从来不乱花钱去做自己不喜欢的事情，他总是琢磨如何赚钱。他的同事开玩笑说：“摩根，你已经是百万富翁了，感觉滋味如何？”摩根的回答让人玩味：

“凡是我想要的，而又可以用钱买到的东西，我都能买到，至于其他人所梦想的东西，比如名车、名画、豪宅，我都不为所动，因为我不想要。”

他并不是一个为钱而生活的人，他甚至不需要钱来装饰他的生活，他喜欢的仅仅是游戏的感觉，那种一次次投入资金，又一次次地用自己的智慧把钱赚回来的感觉，虽然充满了风险和艰辛，但是也非常刺激，他喜欢的就是刺激和成就感。

摩根说：“金钱对我来说并不重要，而赚钱的过程，即不断地接受挑战才是乐趣。不是要钱，而是赚钱，看着钱生钱才是有意义的。”

金钱不神圣，不是高不可攀的圣物。如果把金钱看得很重，你就不敢心不跳、气不喘地赚钱了。

用利益使对方为自己着想

➡ 犹太人信奉知己知彼的理念，其主要的目的，在于让对方为他自己的利益着想，无条件地付出努力。

古时候，耶路撒冷的一个犹太人外出旅行，途中病倒在旅馆里，当他知道自己的病已经没有希望治好时，便将后事托付给了旅馆主人，并请求他说：

“我快要死了，如果有知道我的死讯后从耶路撒冷赶来的人，就请把我的这些东西转交给他。但是，不要告诉他我死在哪家旅馆。”

说完，这个人就死了，旅馆主人安葬了他，同时向镇上的人宣布了这个人的死讯和遗言，让大家遵守这个犹太人的遗言，即不要将他住的旅馆告诉来找他的人。

他的儿子在耶路撒冷听到父亲的死讯后，立刻赶到父亲死亡的那个城镇。他不知道父亲死在哪一家旅馆里，也没有人愿意告诉他，所以他只好自己寻找。

这时，刚好有个卖柴人挑着一担木柴经过，儿子便叫住卖柴人，买下木柴后，吩咐卖柴人直接送到有个耶路撒冷来的旅人客死的那间旅馆去。

然后，他便尾随着卖柴人，来到了那家旅馆。

旅馆主人对卖柴人说："我没有买你的木柴啊？"

卖柴人回答说："不，我身后的那个人买下了这木柴，他要我送到这里来。"

就这样，这位犹太人的儿子让卖柴人为了自己的利益，帮助他解决了难题。

从根本上来说，人与人的关系存在利益关系，尤其是在非亲非故的关系中。

只有他人的利益和你的利益紧紧地联系在一起的时候，他人才会把你的事当成是他自己的事一样，为你着想，因为这一着想以及为此付出的努力，也同时会影响他自身的利益。

所以，要别人帮你赚钱的最好办法就是：令其为自己的利益着想，而为我们付出一切。

《塔木德》里有这样一个故事：

有个人黑夜外出，在伸手不见五指的夜路上，看到对面来了一个提灯笼的人。走近一看，却是一个瞎子，他就问瞎子：

"你提着灯也看不见东西，为什么还要多此一举呢？"

盲人说："我提灯，是要你们能看见我。"

一个人独自走在一条路上的机会实在是太少了。因为对于瞎子来说，在漆黑的夜晚行走和白天走路是一样的，但一般人在晚上走路就不一样了，这时瞎子摔倒的可能性，远小于被别人撞倒的可能性。

正常人一旦走在漆黑的路上，很容易看不清路而将别人撞倒。因此，瞎子点起了灯笼，以便让每个路人都能看清自己，避免对方撞倒自己。

很多时候，让利益出面，比费尽口舌更有力量。在犹太人的商业文化中，犹太人也同样将这种让对方为自己着想的哲学，运用到了炉火纯青的地步。给人好处，就等于是给自己好处。

暂时地放弃一些利益，是为了得到更多的利益。

赚钱的关键：女人和嘴巴

➡ 男人是赚钱的人，再想赚他们的钱是很难的；而女人是花钱的人，赚她们的钱就容易多了。

犹太人认为：女人才是金钱的实际拥有者。

曾经有一个说法：

某个男人和一个女人吃饭，如果结账两人都掏钱，说明他们是朋友关系；男方掏钱，说明他们是恋人关系；如果是女人掏钱，说明他们是夫妻关系。

可是无论他们是什么关系，金钱大多是女人在花费，这是人类永远不变的市场法则。

男人是这个世界的中心，但女人却是男人的中心。

男人总是围绕着女人转。男人一旦结了婚，女人就成了男人永久的资金保险库，女人也同时是家里的“财政部长”。

不少男人很感慨：男人这一辈子就是在不停地大把大把赚钱，女人就是大把大把地花男人赚来的钱。

男人们很委屈，他们总是觉得东西能用就行，可是女人为了把自己弄得漂亮一点，简直是不计成本，她们信手一挥，就可以轻易花掉男人们辛苦挣来的钱。

男人喜欢把自己的女人打扮得美丽动人，女人也认为自己更加美丽，也是男人脸上有光彩。男人有赚钱的权利，女人有花钱的权利。因此，做生意一定要明白，只有打动女人的心，生意才能成功。

在伦敦，有一个叫埃默德的犹太人开了一家百货商店，地理位置相当好，每天来往的人也很多，可是埃默德的生意却一直不好。开业两三年了，店里总是冷冷清清的。看着来来往往的行人，埃默德十分郁闷。

后来，经过长时间的观察，埃默德发现了这样一个规律：平时光顾商店的人以女性居多，差不多占到80%，偶尔有男人来商店，也大多是陪妻子购物，很少单独买东西。

这时，他才发现自己的经营方向有问题。他不禁自责起来：女人才是真正的消费主体，自己却把目光瞄在不赚钱的生意上，这样不就等于拿钱去丢在水沟里吗?

埃默德于是果断地将自己百货公司销售的对象，全锁定在女性顾客身上。

这次，他把所有的营业面积全部摆上女性的用品。不过，精明的埃默德这次想出了高招：把正常的营业时间一分为二，白天他摆设家庭主妇感兴趣的实用衣着、手工艺品、厨房用品等实用类商品。

晚上则改为一家时髦用品商店，将流行前卫的商品陈列出来，以便迎合那些年轻的上班女性。

尤其是针对年轻时髦的女孩子们，埃默德可以说是费尽了心机，光是女孩子们喜欢的袜子就陈列了上千种，内衣、迷你裙、香水等，都选年轻人喜欢的品种进货。

凡是年轻女性喜欢的、需要的，能够引起她们购买欲望的商品，他都尽量满足，并把它们摆在柜台显眼的位置上。

最绝的是，他从美国进口了最流行的货品，打出了富有创意的宣传语："本店有世界最流行的新款内衣，包您穿了青春美丽。"

没过多久，埃默德商店有最流行的内衣的消息不胫而走，许多女性真的蜂拥赶来，竞相购买。

人们不解，纷纷请教其中奥妙，埃默德大笑说："其实，我只是让这些内衣更加性感而已！"

犹太商人在那些富丽堂皇的高级商店里，专门经营那些昂贵的钻石、豪华的礼服、价格不菲的项链、戒指、香水、手提包……这些无一不是等待着女性顾客的。

犹太商人就是瞄准了女性顾客市场，才赚了比别人更多的钱。

赚女人的钱，关键就是要抓住女人的心理。

有人说，女性是最喜欢触摸的动物。女人的触摸欲，在购物时表现得尤其淋漓尽致。以购买衣料为例，她若是没有摸一摸，揉一揉，是绝不可能下定决心购买的。

如果说买衣料之类和身体触觉有关的东西，当然要先用手摸一摸，但衣服之外的每一样东西，她也要用手先触摸一番，这就颇耐人寻味了。女人就是喜欢触摸，未经亲手摸过的东西，她是绝对不会放心购买的。

即使是买孩子们吃的糖果、饼干，她们也不是用嘴品尝的，而是用手去捏捏，以此来鉴定品质的好坏。反之，若是用不透明的纸袋包装，不论外观设计得多精美，销路也往往很有限，主妇们总是不敢去做新的尝试。

明白了这个关键之后，那些销售量不佳的商品，可以借此检讨自己的产品是否包装得过于密实了？如果是的话，建议你将产品的一部分露出来。

犹太人致富理念中，另外一个赚钱的关键，就是嘴巴。

善于观察的犹太商人发现：凡是入嘴的食物，消化后终将排出体外。小到一个1美元的雪糕，中到一盘5美元的炸鸡腿，大到成百上千美元的餐品，无不是经过几个小时之后，变成了废物排泄而出。

人们的生存总是需要连续不断吸收能量、消耗能量才可以支撑，能提供人体所需能量的只有食品，人要继续活下去，每天都要进食。

因此，食品业的优点就在于，它的获利是稳定的，也是长久的，因为口腹之欲是人要生存的最起码条件。人的胃口是一个永远也填不满的黑洞，更没有一样消费品能像食品这样，需要天天消耗，让人一天也不能停下来。

所以，犹太人认为嘴巴需要的东西绝对赚钱。于是那些为了满足口腹之欲的饮食生意，一直历久不衰。

现代人吃饭不仅要吃饱，还要吃好，讲究营养，营养学家甚至说：“你吃什么样的食物，就决定了你是什么样的人。”

为了自己的健康，现代人更中意天然的绿色食品，这一新理念不知道又成就了多少企业。

曾有一个犹太人靠经营马铃薯发了财，他就是大名鼎鼎“薯条大王”辛普洛特。

第二次世界大战爆发后，辛普洛特得知作战部队需要大量的脱水蔬菜，他知道这是一个绝好的赚钱机会，于是买下了当时全美最大的一家蔬菜脱水工厂。

他买下这家工厂后，专门加工脱水马铃薯供应军队，从这以后，辛普洛特走上了靠马铃薯发财的道路。

20世纪50年代初，一家公司的化学专家第一个研制出了冷冻炸薯条，那时许多人都不看好这种产品。

有的人说：“马铃薯本身水分就比较大，假如把它冷冻起来，就会变成软软的东西，很恶心！”

然而，辛普洛特却认为这是一种很有潜力的新产品，即使冒点风险也值得，于是大量生产。果然不出所料，冷冻炸薯条在市场上很畅销，并成为他获利的主要来源。

后来，辛普洛特发现，冷冻炸薯条并没有把马铃薯的潜力彻底展现出来。因为经过了分类、去皮、切条和光传感器去掉斑点等程序，每个马铃薯大概只有一半可以用，剩下的通常都被扔掉了。

辛普洛特想，为什么不能把马铃薯的剩余部分再利用呢？不久，他把这些马铃薯的剩余部分掺入谷物用来做牲口饲料，单是用薯皮就饲养了15万头牛。

1973年，石油危机爆发了，用可替代能源取代石油是必然的趋势。辛普洛特瞄准这个难得的机会，用马铃薯来制造以酒精为主要成分的燃料添加剂。这种添加剂可以提高汽油的燃烧值，同时降低汽油燃烧所造成的污染，颇受消费者欢迎。

为了做到物尽其用，辛普洛特又用马铃薯加工过程中产生的含糖量高的废水灌溉农田，甚至还把牛粪收集起来，作为沼气发电厂的燃料。

辛普洛特每年销售15亿磅经过加工的马铃薯，其中有一半供应麦当劳等快餐店做炸薯条。他从马铃薯的综合利用中，每年获取12亿美元的高额利润。辛普洛特究竟拥有多少财富，实在没有人可以算得出来。

可见，懂得瞄准嘴巴，就相当于在为自己淘金。

牢记永远都能赚大钱的两个关键：女人和嘴巴。

重视每一个人

➡ 在当今大企业林立的社会中，最大的问题就是人们感到个人已被完全遗忘了，他们感到自己似乎微不足道。此时就需要一个好的领导人发挥作用了，他应该使他的员工确信，他们是企业中很重要的一分子。

如果你曾与犹太商人打交道，你会发现他们总是摆出一副笑脸，不管生意能否做成，甚至因合约而产生不同意见时，他们也总会摆出笑脸来说出他不同的意见。

有时在谈判中发脾气，双方不欢而散，犹太人还会向对方说声“再见”。要是第二天他再遇上你，他却好像没有发生过不愉快似的，仍然微笑向你问声好。

犹太人在其民族文化的影响下，再加上长期流离失所，普遍形成了一种谦和的耐性。

犹太商人就善于利用自己的这一耐性，在经商活动中充分发挥和气的作用。

事实上，好的人缘并不需要花很大精力，一个聪明的管理人员，有时也会忽视对下属的关心。请不要认为一个优秀的领导人，必须衣冠楚楚，外表靓丽，这些对你的员工并不重要。他们想知道的是上司是否认识到他们的重要性，他们在企业中是否占有一定的地位。

当一个雇员逝世或退休时，他的上司往往对他和他的工作说些好听的话。但是，当他活着和在职的时候，却不加以赞扬。相反，上司们总是吹毛求疵，动辄批评。

请千万不要怕表扬人，这是激励员工更努力工作的最好办法。这种办法适用于生活的各个方面。

千万不要认为你能长期愚弄下属。你的下属可能看上去相当文静和羞怯，但是如果他们的切身利益受到损害时，他们也会凶狠如虎。所以要记住，在对待他人时，聪明不能代替善意和真诚。

大多数国家的武装部队，都有一套关于人事管理的经验。为什么士兵会冒着枪林弹雨跟随着他们的军官出生入死呢？这并不是因为军官们的军阶特别高，也不是因为他们开小差会受到惩处，而是由于在他们的队伍中，早已经确立了遵守纪律的原则。

在军队中，军官必须先考虑士兵是否得到了妥善的安顿，伙食是否没问题。他们还关心士兵是否向家人写了报平安的信。还要帮助他们学习，以便晋升，一个军官必须把时间和精力，花在士兵的福利和健康上。

这套策略同样适用于企业。你必须要让你的下属感到你确实在关心他们的福利。如果你真的这样做了，你就可以确信他们会以最大的忠心来报答你和你的企业。

几十年前，后来创建阿迪达斯公司的兄弟俩在母亲的洗衣房里开始经营制鞋业，他们边做边卖，销路很好。弟兄俩很重视鞋的品质，不断地在款式上创新，他们不厌其烦地量顾客的脚的尺寸、形状，然后制鞋，于是每一双鞋都能满足顾客的要求。

由于采用了种种有利于顾客的经营方式，他们的家庭制鞋作坊发展很快，没几年时间就扩大成一家中型制鞋厂。

1936年的奥运会来临前，阿迪达斯兄弟发明了短跑运动员用的钉子鞋。他们派人打探参赛运动员的情况，包括运动员们穿多大的鞋。当得知短跑名将欧文斯很有希望夺冠的消息后，就免费地将钉子鞋送给欧文斯试穿，后来欧文斯不负众望，果然在比赛中获得金牌。

于是欧文斯穿的钉子鞋一举成名，阿迪达斯的产品成了国内外的畅销货，鞋厂也就变成了阿迪达斯公司。

用体育明星来创牌子的办法太有效了，此后阿迪达斯公司屡屡使用这种手法，不久又发明了可以更换鞋底的足球鞋，并把新产品免费送给德国足球队。

1954年，世界杯足球赛决赛在瑞士举行，不巧比赛前下了一场雨，赛场上满是泥泞，匈牙利队队员在场上踉踉跄跄，穿着“阿迪达斯”的联邦德国队队员却健步如飞，并第一次获得了世界杯冠军。从此，“阿迪达斯”品牌名扬海内外。

在赛场上，阿迪达斯公司总是派专人为运动员服务。只要哪位运动员感到鞋子不舒适，阿迪达斯公司的人马上就为他解决问题。

在一次世界杯足球赛上，有一位德国队主力队员的脚受伤，阿迪达斯公司连夜为他赶制了一双特殊球鞋，让他在最短时间内，可以重上球场。

阿迪达斯公司出色的服务，使它赢得了全球的市场。

所以，对于经营者来说，创新款式、品质优秀只是一个方面，而销售方式的出色才是最关键的。

为了扩大市场，阿迪达斯公司将商品2%～6%的利润拿出来回馈社会。他们还千方百计地让更多的优秀运动员穿上他们公司的鞋子。运动员在大赛中穿着“阿迪达斯”等于为公司做活广告，比花钱做任何电视广告都有效果。

对于体育明星，“阿迪达斯”公司常常慷慨赞助。在他们的种种努力下，在蒙特利尔奥运会上，147枚金牌中有124枚金牌得主是穿“阿迪达斯”的运动员。

西班牙世界杯足球赛中，所有在运动场上活动的人员中有四分之三全身披挂阿迪达斯公司的产品。可以说，就是这种细致入微的工作作风，为阿迪达斯公司赢得了顾客，成为世界最大的体育用品公司之一。

人们只能强迫自己，却不能强迫别人；聪明的人要求别人做事时，必须像女人一样温柔。

重视契约，重视声誉

➡ 因为犹太人特别重视契约且重视声誉，才使他们有了良好的信誉。他们的信誉就是铁打的招牌，因为在他们看来，契约是他们竞争的优势，如果不遵守契约就会有灾难。

犹太商人在签订契约的时候，就非常讲究谈判的艺术，千方百计地讨价还价。因为他们知道一旦签订了契约，就必须履行，所以他们对此格外地小心和慎重，一定要使自己签订的这份契约无懈可击，而且无论出现什么问题都可以有挽救的机会。由于各个国家对契约的态度不一样，所以，他们在与商业伙伴打交道的时候，总是小心谨慎，因为他们不了解对方是否会守约，因此刚开始的时候，他们不会很相信对方，也不敢相信对方。他们最忌讳的事情就是违约，如果有人一次不遵守契约，那么这个人终生都不可能再值得犹太人相信了。他们还会把那个违约的人告知整个商业界，让他的生意做不下去。

有一位日本商人和犹太商人签订了10000箱蘑菇罐头合约，合约规定每箱20罐，每罐100克。但在出货的时候，日本人却装了10000箱150克的蘑菇罐头，罐头的重量虽然比合约多了50%，但是犹太商人却拒绝收货。

日本出口商无奈地表示，超出合约的重量不收钱，但是犹太商人还是不同意，并要求赔偿，理由是日本人违反了他们签订的合约。最后几经谈判，出口商无可奈何，赔了犹太商人10多万美元，还要把这批货物回收自行处理掉。

这件事情传出后，各国的商人都开始揣摩犹太人这种做法的用意。一位英国律师这样说：

"从国际贸易规则和国际惯例来讲，合约的精神是一项很重要的条件，英国法律把它称为'要件'。合约规定的商品规格是每罐100克，而出口商交付的却是150克的规格，虽然重量增加了50克，但是卖方没有按规定条件交货，就是违反合约。按国际惯例，犹太商人完全有权拒绝收货并提出索赔。"

另一位熟悉市场的人士这样分析：

"事实上，犹太商人要求这样规格的商品，是有着特殊考量的，因为他们早已调查好一切，包括消费者的爱好和习惯、市场供需情况、对付竞争对手的策略等。如果出口包装运的150克罐头违反了市场消费习惯，那犹太商人是不会接受的。最简单的就是，如果这次150克的蘑菇罐头和100克的蘑菇罐头的价格一样，那么以后这位犹太商人的生意还怎么做？例如说，下一次他继续按这个价格卖货，但是重量又回到了以前的100克，消费者会怎么看待？"

其他的商场人士也这么推测着：

在一些进口管制比较严格的国家，进口申请许可证上写的是100克，而实际重量是150克时，就很容易遭到有关部门的质疑，被怀疑是有意逃避进口关税，以少报多，是要被罚款或者被追究法律责任的。"

犹太人听了哈哈大笑："我们可没有考虑这么多呀！"

于是大家都被搞糊涂了，心想：到底怎么回事，不是这个原因，那到底是什么原因呢？

最后，还是一位犹太商人告诉了他们答案。原来犹太人特别重视合约，一旦建立契约关系，就必须遵守。

犹太人自己也从来不敢毁约。谁不履行契约，犹太人是绝对不会容许的，他们一定会严格追查到底，不留任何情面。

所以，犹太人认为，日本人虽然多给了蘑菇，但是仍然违背了契约精神，当然应该赔偿了。

在犹太人看来，契约是衡量一个人道德品质的标准。因此，他们诚实地经商，不屑于欺诈，遵守合约，因为诚实是最高的商业法则，平等地交易、公正地执行，才能获得最多的实际利益。

生意就是生意

➡ 生意就是生意。犹太商人在进行商业活动之前，先排除了许多道德规范的掣肘和情感的阻碍，放下包袱，没有负担，眼界才看得宽，手脚才放得开，处处得心应手，无往不胜。

一般企业家对于自己亲手创立的公司，大都有一种特殊的感情，甚至视如自己的孩子，悉心呵护，终生厮守，然后传之后代，而后代对从先辈那里继承下来的公司，也就自然带上了一层祖先崇拜的色彩。

这些做法在犹太商人看来，就显得非常可笑，因为创立公司的目的，只是为了赚钱，只要能赚钱，出售自己的公司也是做生意。

犹太商人对于所利用的一切，也从来没有什么顾忌，只要是有利于赚钱，且不违反法律，就怎么好用怎么用，完全不必考虑过多。

犹太人认为，在商场上，首要原则不在于道德不道德，而在于合法不合法，只要合约是在双方完全自愿的情况下达成的，并且符合有关法规，那么结果即便是再不公正，也只能怪吃亏的一方为什么事先不考虑周全。

有一个例子，说的是犹太商人罗恩斯坦，使用自己的美国国籍做资本，做成了一笔大生意。

斯瓦罗斯基家族是奥地利的一个世家望族，世代相传从事仿钻石饰品的生产。第二次世界大战结束时，奥地利被盟军占领，法军当局要没收斯瓦罗斯基公司，理由是在大战中，该公司曾接受纳粹德国的订单，为德军生产望远镜等军用物资。

这时，有个叫罗恩斯坦的美国籍犹太商人正在奥地利，他得知此事，立即赶到斯瓦罗斯基公司，提出他可以去和法军交涉，设法阻止法军没收斯瓦罗斯基公司。

他开出的条件是：如果交涉成功，斯瓦罗斯基公司必须把公司产品的销售权让给他，并且在他有生之年，他有权从每年销售总额中提取10%作为报酬。

罗恩斯坦提出的条件无疑是非常苛刻的，但是他能提供的帮助，却关系着斯瓦罗斯基公司的存亡，斯瓦罗斯基公司没有别的选择，只能接受罗恩斯坦的条件。

罗恩斯坦与斯瓦罗斯基公司签好了协议，马上赶往法国司令部，郑重申述：

“我，罗恩斯坦，是美国公民，我刚与斯瓦罗斯基公司达成协议，从即日起这个公司已经是我的公司，因而斯瓦罗斯基公司现在是美国的财产，法军无权对它进行处置。”

此时，面对既成事实，法军无可奈何，只好放弃没收的计划。罗恩斯坦马上设立了斯瓦罗斯基公司的销售代理公司。

然而，罗恩斯坦的这家代理公司，并没有进行实质性的销售活动，不过是开开发票而已，以此来确保该公司10%的销售额能成为罗恩斯坦的利润。

国籍也可以被当做商品进行交换，这大概是只有彻底地把“生意就是生意”奉为信条的犹太商人，才能想出的主意。

在一般人眼里，国籍是神圣的，他们会认为，用国籍来做生意，这不是对国籍的亵渎吗?

在别人走投无路之时，要挟别人屈从于自己的条件，一般人大概都会把这种做法斥之为“乘人之危”或“趁火打劫”。

但是，一个显而易见的事实是，斯瓦罗斯基家族无论在当时的“勉强同意”，还是在事后履行协议，他们向罗恩斯坦支付每年营业额10%的利润从未中断过，这说明他们与罗恩斯坦的这笔交易对其家族毕竟还是有利的。

而且，罗恩斯坦的做法也没有明显违犯有关法律，不然的话斯瓦罗斯基家族也不会毫无反抗地一直忍受着。

从“生意就是生意”这一信条的角度看，犹太人认为“乘人之危”的道德考虑，都是迂腐多余的自我束缚。当一般人还在僵化的道德伦理观念面前犹豫不决、徘徊不前的时候，犹太人早已经把签好的协议，拿在手中了。

律法是相对的，政治是相对的，国界是相对的，甚至道德也是相对的，只有你承诺过的契约是永恒的。

幽默具有无法替代的力量

➡ 幽默的人是拥有智慧的人。

犹太人处事和说话非常幽默，是一个幽默的民族。譬如犹太俗语中有一句话：

“小偷头上的帽子烧起来了。”只有了解了这句话的背景，才能知晓犹太人的机智和幽默。

话说在东欧一个城镇里，有位犹太人的帽子被偷了，而且这种帽子到处都有卖的，举目一望，许多人都戴着这种帽子，根本无法区别哪个人是小偷。

这位犹太人灵机一动，突然大叫一声：“小偷，你的帽子烧着了。”当然，第一个摸帽子的人就是小偷。

幽默因机警而生，幽默具有无法替代的力量。

许多东方人不了解幽默的含义，甚至认为幽默是一种不谨慎、不体面的事。我们常常看到西方人在会议上妙语连珠，但是东方人却认为在会议上要幽默有失尊严。

西方人常说：“笑是最佳的良药之一。”因为笑能在痛苦时安慰我们的心，能使我们更加快乐、充满活力。幽默的笑可以使人脱离常态，放松心情。

高度的幽默感缘自理性。只有经过磨炼的人才能发出脱俗、有深度，并且合乎时宜的幽默，也只有高智商的人才能真正理解幽默的精髓。

幽默是独创的、原始的、新鲜的，重复用一种幽默，幽默就失去了意义。幽默必须出人意料，才能产生良好的效果。

但大多数人面临困境、进退维谷时，总是焦急万分，哪里有心情幽默？只有强者才能在危机之中瞬间摆脱自己所处的境地，站在客观的立场上来观察自己。所以幽默代表强者的韧性，也代表强者的胆量。

一个人如果能在面临危机之时，站在客观的立场上观察一下自己的处境，必定能想出许多办法来脱离危险，而不是惊慌失措地固守一个据点，最后走向失败。人生常常需要做局外观，因为“退一步海阔天空”。

犹太人把幽默当成一种重要的精神食粮。在希伯来语中，“幽默”与“智慧”两个词都被称为“赫夫玛”，幽默已经成为犹太民族苦中作乐的处世智能。

以小利获大利

➡ 真正的诚实是由一个人对待金钱的态度决定的，因为只有在金钱问题上可靠的人可以被视为是诚实的。

用最少的钱获取最大的利润，是很多人可望而不可即的梦想。其实，这是因为传统的思维束缚了我们的思维。只要能掌握市场，抓住机遇，这样用不了多少本钱，照样可以赚大钱。

美国加利福尼亚州萨克门多的一个青年，他是靠做家庭用品通信销售生意起家的，是以小利获大利的成功案例。

开始，这个青年在一家一流的妇女杂志上刊载了他的“1美元商品”广告，所刊登的供货商都是有名的大厂商，出售的产品都经济实用。其中20%商品上货价格都高出1美元，60%的上货价格刚好是1美元。所以杂志广告一一刊登出来，订购单就纷纷而至。

他没有花费任何资金，这种方法也不需要资金。接到客户汇款，去进货就行了，然后再把货送往全国各地。

当然收到的汇款越多，他便亏损得越多，有人说这不是典型的傻瓜吗？其实他一点也不傻，他在寄商品给顾客时，再顺便寄去20种3美元以上、100美元以下的商品名称和商品说明，再附上一张空白汇款单。

卖1美元商品虽有些亏损，但他以小金额的商品亏损赢得了顾客的信任，一个人有了信用，许多事就迎刃而解了。顾客就会信任他，当然也愿意买他的其他商品了。这样，昂贵的商品弥补了1美元商品的亏损，也获取很大的利润。

就这样，他的生意越做越红火，一年之后，他成立了一家通信销售公司。三年以后，他的公司规模已经很大了，1974年的销售额高达5000万美元。这时，他还不过是一个29岁的小伙子。

在当今世界，市场竞争尤为激烈，许多企业经营者由于受资金、设备、人才、技术等客观因素的限制，不可能一下子就达到预想的目标。自己没本钱不用着急，可以先用别人的钱建立信誉，然后“买空卖空”，也可以获得成功。

只要值得，就要去冒险

➡ 无论在西方还是东方，在相当长的一段时间里，“投机”这个词似乎都带有某种贬义色彩。现在不同了，经济学家们称之为“风险管理”。这个名称一改，犹太商人也就变成了“风险管理家”。

确实，犹太商人长时期不是在做生意，而是在“管理风险”，因为他们的生存本身也需要有很强的“风险管理”意识。犹太商人不能干坐着等“驱逐令”之类的厄运到来，也不能毫无准备地事到临头措手不及。在每次“山雨欲来风满楼”时，他们都需要准确把握“山雨”到底会不会来，来了会有多大。

犹太商人有一种理念，就是“只要值得，就要去冒险”，这是犹太商人非常令人折服的一种投资方式。

1921年的苏联，经历了战争与灾荒，急需救援物资，特别是粮食。在犹太商人哈默眼里，那些未被人们认识的地方，正是值得自己去冒险、去大干一番事业的战场。他做出一般人认为是发了疯的抉择：踏上了被西方描绘成地狱似的可怕的苏联。当时，苏联经济面临崩溃，人民生活十分困难，霍乱、斑疹、伤寒等传染病和饥荒严重地威胁着人们的生命。苏联政府制定了重大的决策——新经济政策，鼓励吸引外资，重建苏联经济。但很多西方人士认为到苏联经商、投资办企业，是“到月球去探险”。

哈默成了第一个在苏联经营租让企业的美国人。此后，苏联给了他更大的特权，让他做苏联对美贸易的代理商，哈默成为美国福特汽车公司、美国橡胶公司、艾利斯—查尔斯机械设备公司等三十几家公司在苏联的总代表。生意越做越大，他的收益也越来越多。

经常有人向哈默请教致富的“魔法”。他们坚持认为：哈默发大财靠的不仅是勤奋、精明、机智、谨慎之类经商应有的才能，一定还有“秘密武器”。

在一次晚会上，有个人凑到哈默跟前请教“发财的秘诀”，哈默皱皱眉说：“实际上，这没什么。你只要等待一个国家爆发革命就行了。到时候打点好你的行装尽管去，一到了那儿，你就到政府各贸易部门转一圈，又买又卖……”听到这里，请教者气愤地嘟哝了几句，转身走了。

第一次冒险使哈默尝到了巨大的甜头。于是，“只要值得，不惜血本也要冒险”成了哈默做生意的宗旨。

1956年，哈默已经58岁了，他感到他自己干实业已经干够了，便移居洛杉矶，准备用游泳、日光浴等活动来消磨自己的余生。

没料到财神又一次把他拖回来，使他投入他一生最赚钱的生意——冒险性很大的石油钻探行业中去。

石油钻探毕竟是一项冒险性很大的行业。1961年，西方石油公司几乎用掉了1000万美元基金，但仍无所建树。

哈默计划集中全力，攻克难点。这个计划吸引了一个名叫鲍勃的青年地质学家。他向哈默建议：旧金山以东有一片被德士古石油公司放弃了的地皮，这个地区可能有天然气田，西方石油公司应该把它租下来。几个月以后，在那附近钻出了一个蕴藏量丰富的天然气田。

利润像石油一样开始源源不断地流进西方石油公司的账户，冒险再次使财富垂青哈默。

在英文中，“投机”和“考察”是同义词，犹太人的投机买卖可说是对该词的最好诠释。犹太人的考察，并不光看商品的流通情形，还要视该商品在转卖或交换之后的状况，以及当事人对于该项交易的最后满意程度。犹太人最后决定做的投机买卖一定是根据周详、缜密的思索做出的商业行为。

冒险失败胜于安逸平庸，与其平庸地过一辈子，不如做一个失败的英雄。

第五章

变钱策略：不怕钱少，就怕办法少

赚钱靠智能，不是靠学历

➡ 对知识的无限渴望，将知识视为财富，或许是犹太民族成为世界优秀民族的重要原因。知识固然是劫不走的财富，但它毕竟不是真正的、实实在在的财富。要将知识转化为实实在在的财富，就要靠智能。智能就是运用知识的能力。

知识是后天习得的，而智能更是在潜移默化中才能累积。一个人或许学识渊博，但不一定是智者。

在犹太人看来，只有能够创造财富的人，才真正拥有智能。也就是说，能够令人在世间赚钱的智能，才是真智能。

如果你是个拥有硕士、博士学位的人，可你却不能用你学到的知识去赚钱，那你顶多就是个学富五车的学者，而不是智者。相反，如果你是个穷光蛋，也没有读过什么书，但你能够靠自己的本事成为富翁，犹太人肯定会对你佩服得五体投地，因为他们认为你真正拥有了赚钱的智能。

许多人拥有智能，但是他们的智能都没有用来创造价值，所以他们始终是十分贫困的。犹太人认为，学者应该运用自己的知识来获得智能，而且应该学习那些真正可以赚钱的智能。

智能可以分为死的智能和活的智能，而死的智能是没有用的假智能，只能充充门面，做个样子罢了。

犹太人懂得怎样把自己脑中的智能，变成手中的金钱，这就是犹太人的过人之处。

犹太人常说："工艺家比宗教家更值得尊敬。"

因为宗教家虽然有知识，但是他的知识没有运用出来，这样的知识等于零。而工艺家虽然知识不多，但是他们把自己仅有的一点知识完全运用出来，他的智能虽然少，但却是有用的，所以更值得尊敬。

所以，犹太人认为如果知识不应用到实践中去，知识没有转化为金钱，也是没有价值的。

犹太人对待那些整天只知道一味学习的人的看法是："有些人过度钻研学问，以至无暇了解真相。"他们认为，学者中也有类似驴马之人，他们只会搬运书本。

在学者中，也有人被比喻成一只载运昂贵丝绸的骆驼，但骆驼与昂贵的丝绸是毫不相干的。

如此说来，他们只是书籍的搬运工而已，根本不算是有知识的人，真正有知识的人，就应该把自己所学的知识运用出来，在实际的生活中创造出自己所能创造的价值。

《塔木德》说："智能胜过勇气，然而贫穷人的智能被人藐视，他的话也没人想听。"到了这种地步，智能只有深深地埋藏了，不能有力地展现它应有的价值。

曾经有位叫阿巴的犹太外科医生非常著名，他给人看病是要收费的。当时人们的观念是：医生是救死扶伤的天使，收费是不应该的。那时的医生们，只能在大街上摆上一个箱子，请路人募捐。然而阿巴却定出价目表，公然要向患者收费，人们纷纷指责这位名医，但是阿巴告诉他们：

“不收费的医生，是不值钱的医生。”

宁可变卖所有的财产，也要把女儿嫁给学者。为了娶得学者的女儿，就是丧失一切也无所谓。

书是一切智能的根源

➡ 犹太民族是爱看书的民族，这个民族对书的崇拜，对知识的渴望，已经不是一般的求知好学的人可比的。

对于犹太人来说，书就是他们一切智能的根源，也是创造财富的根本。

《塔木德》这样说：“把书本当作你的朋友，把书架当作你的庭院，你应该为书本的智能而骄傲，采其果实，摘其花朵。”他们把这样的箴言一代代地传递给他们的后世子孙，告诉他们一定要勤奋地读书。

在传统的犹太家庭里，有一个世代相传的规定：书橱只可放在床头，不可放在床尾。这样的规定就是告诫自己民族的人，书是神圣的，不能对书本有所不敬。

如果一个犹太人在旅途中，发现了老家未曾见过的书，他一定会买下这本书，带回去和家人分享。

犹太人还有这样的规定：如果生活困苦，不得不变卖物品以度日，你应该先卖金子、宝石、房子和土地，到了万不得已的时候，才可以卖书。

为何他们有这样的想法？犹太人是这样解释的：世间的一切金银珠宝、房屋、土地都是无常的，而知识则是可以长久流传的财富。

犹太人认为，人们可以有各种仇恨和恩怨，然而知识是没有边界的，它是属于全人类的，不能因为我们的偏见而影响智能和真理的存在。为了维护书籍的传承性，并且让它真正属于所有热爱它的人们，在1736年的时候，拉脱维亚的犹太社区通过了一项规定：当有人向你借书的时候，如果你不把书借给他人，就要被重金处罚。

因此，犹太人有“学者比国王伟大”的说法。如果一个犹太人在为自己的女儿选择夫婿的时候，他也无疑会选择一个受过良好教育的青年，而不会选择一个世俗的有钱青年。

犹太人尊重知识，追求真理，并深信知识是每一个人一生中最需要的东西。知识是最伟大的，在它的面前，世俗里的所有统治者都要让位。

这种观念在犹太人的国家——以色列得到了很好的印证。以色列建国之后，著名的犹太科学家爱因斯坦，由于在科学上的卓越贡献，得到了以色列人民的爱戴。以色列人民向他发出了邀请，请求他来做以色列国家的总统，但人民的好意被已经决心献身科学的爱因斯坦拒绝了，爱因斯坦拒绝自己民族的人民赋予他的世俗的荣耀。

许多其他民族的人都觉得不能理解，总统是那样的尊贵，科学家怎么可以享受这样的待遇呢？但是对于犹太人来说却丝毫也不觉得奇怪，在他们的眼中，有知识的人才是最聪明的人，他们掌握着真理，如果能让他们来统治国家，一定是这个国家的幸运和人民的福气。

这是在人类历史上，第一次由人民邀请科学家来做国家最高元首，这也可以看出犹太人对知识的热爱和崇拜，已达到了狂热的程度。

犹太人小的时候，他们的母亲都会问：

“假如有一天，你的房子被火烧了，你的财产也被抢光了，你会带着什么逃跑呢？”

如果犹太孩子们回答是“钱”或者是“钻石”的话，他们的母亲就会进一步地问：

“有没有一种东西，比钻石更重要，它没有形状、没有颜色、没有气味，你们知道是什么东西吗？”

孩子回答不上来，母亲就会说：

“孩子，你们带走的东西，不应该是钱，不应该是钻石，而应该是知识。因为，知识是任何人也抢不走的，只要你还活着，知识就永远跟着你，无论你逃到什么地方，都不会失去它，别人也抢不走。”

犹太人的父母就是这样告诉他们的孩子，知识是一切财富的来源，是唯一可以长久打开财富之门的金钥匙。犹太人的历史再次验证了知识的价值，与其把那些有限的财富交给他们，不如把可以随时打开财富之门的金钥匙——“知识”给他们。

因此，犹太人特别重视教育，为了让自己的后代都热爱学习，在孩子小的时候，就想尽办法让他们养成读书和思考的习惯。

在犹太人聚集的北美，有免费的公共教育制度，把大批的犹太人召进学校的大门，这对犹太人来说是最大的福祉，北美给他们的最大的恩惠莫过于开放性的教育制度。因为这种制度截然不同于欧洲的那种国家主导的、具有宗教导向的学校体制。在这些地方，犹太人往往是被排斥在学校之外的。而他们的父母，则会竭尽全力帮助子女完成学业。

对于一个犹太家庭来说，如果他们的子女能够得到博士学位，这就是父母的最大荣耀了，这个家庭也将成为大家争相学习和效法的典范。

正因为犹太人如此重视教育，因此在美国的犹太人中有84%的人读过四年高中，有32%的成年人受过大学高等教育。

美国的一项调查显示，犹太人平均接受过14年的学校教育，而非犹太民族的欧美人平均只受过11.5年教育。对于任何一个时代来说，教育都是迈向成功的途径。

早在11世纪时，犹太民族就几乎消灭了文盲，人人都能阅读识字。在当时欧洲的基督教徒中，绝大多数人却是文盲。

尽管犹太人的学习只局限于狭窄的宗教内容，但是当历史进入近现代以后，犹太民族乐于学习、善于学习、崇尚学习的巨大优势，立刻展现了出来，他们迅速地适应和接受了现代教育，在文化科学领域里迅速走到了前列。因此，在近现代犹太民族人才辈出，群星璀璨，出现了一大批的科学家、诺贝尔奖获得者和各行各业的杰出人物。

犹太人创立的国家以色列，更能说明这个问题。以色列经济繁荣最重要的秘密，就是拥有大量高素质的人才。崇尚知识、重视教育，是犹太民族的一个重要传统。

以色列历届政府都对教育保持高投入，多年来一直不低于国民生产总值的8%，这一比例高于许多发达国家。

另外，散居在世界各地的犹太人都捐款资助以色列发展教育。如果让这些世界各地的犹太人出钱帮以色列买武器打仗，他们可能还有些犹豫，但如果要他们资助以色列发展教育，他们大多乐意慷慨解囊。

犹太人几乎百分之百都受过教育。以色列每万人中的在校大学生人数为280人，高于大多数欧洲国家。以色列人口中，平均拥有的教授和医生人数，比世界上任何一个国家都多。

由于以色列国内聚集着大批的专家、学者，以致许多人只好到国外去工作。正是由于有了大批高素质的人才，以色列经济的发展才有了最坚实的基础。

即使是敌人，当他向你借书的时候，你也要借给他，否则，你便是书本的敌人。

学识渊博的杂学博士

➡ 犹太人有“杂学博士”之称。你和犹太人谈判的时候，他会讲得头头是道、条理清晰，内容丰富且精彩，似乎世界上没有他不知道的事情。

有个日本人和犹太人谈判之后，留下了终生难忘的印象：“那个犹太人太厉害了！那天我们谈判了两个多小时，一直是他在不停地说。他给我的印象好极了，他穿着很整洁，讲话条理极清晰，态度又非常谦和。他的谈话让我受益良多，我真的不想说任何话，只想当他的听众。老实说，我不是在和他谈判，而是他在给我上课。”

如果有幸成为犹太人的朋友，你和他交谈越多，你就越佩服他的学识渊博了。犹太人谈政治、论经济、说军事、讲历史，还滔滔不绝地聊体育、娱乐、军事、时事，似乎天下没有他们不通晓的道理。

他们可以为你讲解大西洋海域特有的鱼群的名字，汽车的各个零件的构造和运作原理、植物的分类和品种……你简直会怀疑他们是这些领域的专家。

有个西班牙商人，他对犹太商人的经商原则很欣赏并且尽力地学习，而且取得了不小的成就：他的女式手提包生意非常好，在服饰品贸易市场中也站稳了脚，但是他看到了犹太人买卖钻石更赚钱，于是他也想去卖钻石。

他看到身边不少西班牙人经营的钻石生意很不景气，为了避免遭受同样的命运，他就找到世界著名的钻石大王玛索巴士，向他取经。毫无疑问，这位钻石大王就是位博学多闻的犹太商人。

这位钻石大王听完他的来意，冷不防地问了他一句："你知道澳大利亚海域有什么热带鱼吗？"

西班牙人简直是丈二金刚摸不着头脑，心想，这个钻石大王问这个干吗？这个和钻石生意有关吗？

看到西班牙人哑口无言的样子，这位钻石大王语重心长地说："钻石生意是需要丰富的知识才可以做的，你对这颗钻石的来源、历史、种类和品质都不知道，自然也不知道它的价值。要拥有这些判断钻石价值的经验和知识，就要不断地学习再学习，至少需要二十年，所有相关的知识你都了解了，才能真正培养出预测市场的能力。"

西班牙人听了，不禁为自己的见识浅陋感到羞愧。他早就知道犹太人是继承了几千年祖先留传给他们的经验，加上最新学习的知识，才拥有了这样丰富的学识。他们赢得顾客的尊敬和信任，没有一二十年的学识积累和良好的信誉，是根本不可能的。他自知没有这么浩瀚广博的知识，于是知趣地退出了钻石行业。

在任何时代，学识渊博的人，都会得到人们的尊敬。

犹太人热爱学习，勤学苦研的传统从未中断，这使他们不管流亡到哪里，其民族的整体文化素质都比其他民族要高。以北美为例，在20世纪70年代，在金融、商业、教育、医学、法律等高文化行业中，美籍犹太男子有70%涉足，女子则有40%；而同期全美平均只有28.3%的男子和19.7%的女子加入此行列。

一位著名的学者说："犹太人会赚钱，他们的知识和教育是关键。”

据统计，全美犹太人家庭平均收入为13340美元，而全美的家庭平均收入只有9953美元，犹太人家庭高收入率达34%。

犹太人把知识视为财富，认为“知识别人抢不走且可以随身带走，知识就是力量”。犹太人一生的第一义务就是教育子女，目的在于让后代能在竞争激烈的社会中求生，壮大自己民族的力量。

与一切知识交朋友，也可以从朋友那里学习知识。

藏在信息里的钱

➡ 在21世纪，掌握信息就等于拥有财富，重视信息可以让人成功。犹太人似乎很早就懂得了信息的重要性，并很早就开始利用信息赚钱了。在犹太人的语言（希伯来语）中，“信息”这个词往往和“经营活动”是一个意思。

亚默尔肉类加工公司的老板菲普力·亚默尔习惯天天看报纸，虽然生意繁忙，但他每天早上到了办公室，就会看秘书给他送来的当天的各种报纸。

1875年初春的一个上午，他像平时一样细心地翻阅报纸，一条不显眼的小报道把他的目光牢牢吸住了：墨西哥被怀疑爆发瘟疫。

亚默尔顿时眼睛一亮，心想：如果墨西哥爆发了瘟疫，消息就会很快传到加州、得州，而加州和得州的畜牧业是北美肉类主要的供应基地，一旦这里发生瘟疫，全国的肉类供应就会立即紧张起来，肉价肯定也会飞涨。

他立即派人到墨西哥去实地调查。几天后，调查人员回报，证实了这一消息的准确性。

亚默尔放下电报，立即集中大量资金收购加州和得州的牛和猪，运到离加州和得州较远的东部饲养起来。两三个星期后，瘟疫就从墨西哥扩散到美国西部的几个州。

美国政府立即下令严禁从这几个州外运食品，北美市场一下子肉类奇缺、价格暴涨。

亚默尔及时把囤积在东部的牛和猪高价出售。短短的三个月时间，他净赚了900万美元。

亚默尔的成功不是偶然的，这是他长期看报纸、研究信息的结果。他手下有几个专门为他搜集信息的人，他们的文化素质都很高，善于分析情报，也都有管理经验。

他们每天把来自美国、英国、日本等国家的几十份主要报纸收集起来，看完后，再将每份报纸的资料一一分类，并且对这些信息做出评价，最后才由秘书送到办公室来。

如果亚默尔觉得某条信息有价值，就和他们共同研究这些信息，进而凭借准确的信息投资。

另一位犹太巨富罗斯柴尔德的第三子尼桑，因为重视信息，竟然在仅仅几小时之内赚了几百万英镑。

1815年6月20日一大早，伦敦证券交易所便充满了紧张气氛。因为，昨天英国和法国打响了决定两国命运的战役——滑铁卢之战。毫无疑问，如果英国获胜，英国政府的公债将会暴涨；反之法国获胜，英国政府公债必定一落千丈。此时，每一位投资者都明白，只要能比别人早知道哪方获胜，哪怕半小时、10分钟，甚至几分钟也可以大捞一笔。然而，当时还没有无线电，主要靠快马传递信息。对方的主帅是赫赫有名的拿破仑，前几次的战斗，英国均吃了败仗，英国获胜的希望不大。

这时，大家都在观察尼桑的一举一动，而他还是习惯性地靠在客厅里的一根柱子上，大家已经把这根柱子叫作“罗斯柴尔德之柱”了。

这时，尼桑面无表情地靠在“罗斯柴尔德之柱”上，突然间，他开始卖出英国公债了。

“尼桑卖了！”

这个消息马上传遍了交易所，所有的人毫不犹豫地跟进，英国政府公债瞬间暴跌，尼桑继续出手手上的公债。

当公债的价格跌得不能再跌时，尼桑突然开始大量买进。

“这是怎么回事？尼桑到底在玩什么花样？”

大家纷纷交头接耳。

这时，官方宣布了英军大胜的捷报，交易所又是一阵大乱，公债价格又暴涨，而此时的尼桑，已经悠然自得地靠在柱子上，欣赏这乱哄哄的场景，因为他早已经趁机狠狠地发了一笔大财。

尼桑怎么敢这么大胆买卖？万一英军战败，他不是要大大地损失了吗？

然而，谁也不知道，尼桑拥有自己的情报网。

原来，罗斯柴尔德共有五个儿子，遍驻西欧的各个主要国家，他们都非常重视信息，认为信息和情报就是家族繁荣的命脉，所以他们花重金建立了横跨整个欧洲的情报网，并且花大钱买了当时最先进的电报设备来传送讯息，从有关商务信息到社会热门话题无一遗漏，而且情报的准确性和传递速度，都超过了英国政府的驿站和情报网。

因此，人们称这个家族是“无所不知的罗斯柴尔德”。

正因为有了这么高效率的情报通信网，才使尼桑比英国政府抢先一步得知滑铁卢战役的战况。这个抢先一步发大财的故事，足以说明情报和信息对于生意人的重要性。

即使是风，也要嗅一嗅它的味道，之后你就可以知道它的来历。

不吃做种子的小麦

➡ 可以将小麦借给佃户做种子，但做种子的小麦不可食用。

种子是用来酝酿金秋丰收的，因此种子是不可食用的。“可以将小麦借给佃户做种子，但做种子的小麦不可食用。”

这一箴言在犹太人中已经流传了几千年。对它的商业解读应是：本钱是用来赚更多的钱的，它的所有者必须小心经营，不可把它挥霍掉。

更进一步说，这句话还包括“不可把钱存进银行，指望它给人带来利息”、“不可把钱转借给他人，指望它给人带来好处”等意思。

犹太人对这句话的理解非常深刻。

他们认为，把小麦借给佃户做播种之用，至少还有归还的可能；把做种子的小麦磨成粉，做成面包果腹，就是纯粹的消费行为，吃完以后只好再去借，借麦者就会陷入越来越穷的境地，而出借者的利益也会受到损害，这种账就极可能成为呆账。

对“可以将小麦借给佃户做种子，但做种子的小麦不可食用”还应有如下的诠释：

消费借贷、生产借贷都可能出现因资本流通不畅而无法回收借贷物的情况。正因为这样，商人们（包括对国家经济秩序负有管理责任的领导者）就有必要认真对待资本的运作，使从商者和消费者都拥有可顺利运作的资本。

犹太人认为，从商者充分考虑好顺利回收资本（贷款或货款）的环境和条件，考虑好如何合理定价，考虑好如何提供合乎消费者要求的商品和令消费者满意的服务，这是使经济活动中贷款或货款顺利支付的基础。

种子是用来酝酿丰收的。

种子是不可食用的。

这句话，是一点也不会错的。

犹太智慧

犹太人认为：本钱是用来投资赚更多钱的，而不是用来肆意挥霍的，更不应该将宝贵的本钱放在银行里，成为“呆账”。

把握忍耐的尺度也是一门艺术

➡ “断然放弃赚大钱。”这是犹太商人的至理名言，意思是说一定要学会忍耐，从一点一滴开始积累，等待赚大钱的机遇。这种“忍耐法”被犹太人广泛应用在经商中。

犹太人的忍耐，产生与之相应的信念：“在忍耐中争取我们应得到的一切，你要为我的忍耐付出代价。”

一般人很难相信犹太人坚定的忍耐力，但是他们的忍耐也有先决条件，即“度”。精明的犹太商人精于计算，他们的判断能力极强。如果他们认为只要合作伙伴能给自己带来利益，能够为自己带来钱财，那么他们将以坚定的耐心去等待对方转变心情。

经营活动中，犹太人会不厌其烦地等待对方转变态度。但是，犹太人的忍耐是基于那些有发展前途的生意，当发现生意不划算或没有发展前途，他们就会毫不犹豫地放弃等待。

犹太人在任何投资和买卖活动中，事前必定做周密的可行性研究，他们一旦决定投资，必定制订短期、中期和长期的计划。这三套计划中均有随机应变的策略，以根据事态的发展而相应选用。

短期计划投入后，即使发现实际情况与事前预测有相当大的出入，他们也会毫不吃惊或动摇，仍会积极按原计划投入资金实施下去。随后，他们仍会推出第二套计划，继续追加投入，设法完成各项策略的实施。如第二套计划深入进行后仍未达到预测的效果，与计划不相符，而又没有确切的事实证明未来会发生好转，那么犹太人会毅然放弃这笔投资。一般人会认为，放弃已实施了两套计划的事业，岂不是前功尽弃，亏掉了不少投入？但犹太人却泰然自若，无怨无悔。他们认为，生意虽然未尽如人意，但没有留下后患。他们不会为一堆烂摊子而困扰未来的工作，因为长痛不如短痛。

犹太商人在商战中，能依据外部环境的变化，特别是市场和竞争对手的变化而相应改变自己的战略战术，这确实是高明的。市场变化多端，竞争激烈，企业能否顺势而动，成为企业能否生存和发展的关键所在。企业应该善于根据变化的市场情况、竞争对手情况，制订出各种应变的计划。

巴拉尼是生于奥地利维也纳的犹太人，他年幼时患了骨结核病，由于家贫无法医治，使他的膝关节永久性僵硬，行走不得。但他没有灰心，忍着各种痛苦，刻苦攻读，终于在医学上取得了惊人的成就，除了荣获奥地利皇家授予的爵位外，1914年还获得了诺贝尔生理学及医学奖金，他一生发表了184篇很有价值的科研论文。

关于忍耐，巴拉尼是这样讲的：

“人的细胞每时每刻都在变化，每天都会更新。因而，你昨天生气时的细胞，已为今朝新的细胞所替代。酒足饭饱后所思考的内容，与饥肠辘辘时所考虑的也不一样。我仅仅在等你的细胞的更替。”

在人生中，不尽人意的事常会发生，每个人都没有悲观的必要，失败乃是成功必经的过程。昨天或今天的失败，并不意味着最后的结局。那些犯了错误或失败的人一蹶不振，没有了忍耐性，才是真正的失败者。美国通用汽车公司董事长亚弗列说：“人生是要犯错误的，不犯任何错误的人，是一无所成的人。”

犹太人面对失败、挫折，确立忍耐制胜的法则是：

（1）对“失败”持正确健康的态度，不要恐惧失败，要懂得失败乃是成功必经的过程。

（2）焦点不要对准过错与失败，应对准远大的目标。

（3）失败时，千万不能气馁。要坚韧不拔，矢志不渝。

（4）发现此路不通时，要设法另谋出路，使自己适应环境，适应潮流。

成功是一条崎岖曲折的远途，并无畅通无阻的康庄大道可走。成功者善于处理前进中的障碍，有坚韧不拔的忍耐力。H.G.威尔斯，在他成为文豪前曾尝试过近十种职业，但都一无所成。著名科学家克达林曾说：“我的成功发明，每项几乎都经过了九十九次的失败。”

在两千多年深受迫害的历史中，犹太人为了生存，学会了怎样忍耐，总结了各种忍耐的经验。犹太人对于忍耐有自己的看法：“每个人的细胞都在不时地发生变化，同时也在创新，所以昨天吵架时，您的细胞到今天早晨已经变成了新细胞。吃饱了和饿肚子时的想法完全不同：我仅仅是在等待您的细胞变化罢了。”

犹太人认为，生活中有许多事当忍则忍，能让则让。忍让不是怯懦胆小，而是宽容和体谅。

善用资源

➡ 犹太人在经商活动中，最关心的是自己的能力和收益，同样也关心合作伙伴的实力和信用。在生意场上，寻找一个优秀的合作伙伴，不但可以帮助你承担风险，也可以为你带来点子和资金。犹太商人注重合作，要求和合作者是实力相当的伙伴。

善于“借鸡生蛋”，是犹太人商海弄潮的秘诀之一。他们常说：骑驴找马，总比徒步为强。或者可以说：好风凭借力，送我上青云。说的都是借助外力来发展自己的道理。骑上一匹马，去捕捉另一匹马，当然更容易。生意场上做事又何尝不是如此？犹太人做生意的基本形态是单人独家，是个体户。这种形态有诸多的优势，但也有其弱势。怎样克服其弱势的一面，是犹太人能否在市场中立于不败之地的大问题。而这一问题对于犹太人而言并非难事。犹太人的做法是：在自己的个体生意没有做下去的把握时，便采取联袂合作的方式，与别人共同发展，通过分成模式来完成原始积累，等有了资本、有了能力之后再复归原态，拉出去单干。为了借人之力，他们非常重视结交朋友。犹太人常说：“先把个人关系搞定，再做生意。”因此生意场上的犹太人个个都是建立良好关系的能手，据说许多犹太人为了拉关系，在白天搞推销只是记住对方的长相，等下班后就想方设法摸清对方住址，带上礼物再去拜访对方。

有位叫本捷克的犹太青年去人生地不熟的地方做生意，不小心在上火车时踩着一位老者的脚，上车后恰又和老者坐了个尴尬的面对面。两人和解后，他感觉这位老者一定很有身份，于是下车后非常热情地要邀请老人吃饭，又想办法问出了他家的电话和住址，以后便经常带些小礼物去登门拜望。他的生意由此得到了老者的热情帮助，越做越火、越做越大。这便是典型的“拉关系”、借外力的例子。在犹太人看来，没有外力当然也要靠自己发展，有了外力就能更好地发展。外力内力合成一种亲和力，如此生意何愁不兴？用旧时代艺班街头开场子的著名套话，来体现犹太人外出闯世界的处世心态是再合适不过的。这句套话就是我们耳熟能详的“在家靠父母，出门靠朋友”。别小看这句话的艺术含量，将朋友放至与家中父母并列的高度，既能博人好感，同时又是自己看重朋友关系的真实表达。

犹太人并不仅仅在嘴上说，实际上更是这么做。如果你与犹太人有交往，就不难找到他们当中的一些人帮助弱势同伴的例子。犹太人虽然也信奉交友之道在于“利”，但他们乐于在朋友身上花费，却是毋庸置疑的。他们经常在节庆日设宴款待各路朋友，三教九流，什么人都有。当然，这种花费既显得很大方，同时也是收益多多。

犹太商人是个性鲜明的生意人，他们走到哪里都那样引人关注，不仅是因为他们的口音，更多的是因为他们出色的经营头脑和独特的经营方式，这也使得人们很容易将他们同其他商人群体区分开来。犹太商人有一个特点：一旦有赚钱的机会，在没有能力独自做成的情况下，他们便会招集三亲六故，很快便能形成一个“智慧圈”，开出一块经济“腾飞地”。

犹太商人具有准确的判断能力，他们能够很快地判断出合作者的资历、信誉和实力。在充分掌握这些后，便开始同合作者展开合作。犹太人不论在经商、从政、科技等方面，都善于巧借别人的智慧来为自己赢得最大的好处。

犹太人洛维格年轻时曾一度贫困，他当过一段时间的推销员，也从事过其他很多职业。他凭着自信与毅力，为自己争取到了一家灯饰公司商场副经理的职位。干了两年多，在灯饰经营方面积累了不少经验。为了能更充分地发挥自己的能力，洛维格决定跳出来自立门户。

刚开始创业，困难自然不少，最大的“拦路虎”是资金不足，为此洛维格动了不少脑筋。1998年，他承包了一个大型超市的巨型灯饰店，接手时这家店已经亏损。但洛维格不怕，他自己有经营灯饰的经验，客户方面也可以联系到不少。只要找到开店地址，他就可以大展拳脚。从组织、策划进货到销售，洛维格样样事都亲力亲为，时时忙得连午饭都顾不上吃。不到一年，灯饰店就“起死回生”，还净赚了好几万美元。承包经营，不必自己再去寻找铺位，购置设备、产品，只要出一些活动资金，比起自己开店，需要的本钱要少得多。这样一方面解决了资金不足的困难，另一方面又可以在经营中不断地积累资金。用洛维格的话说，就是“借别人的鸡，下自己的蛋”。

洛维格正是利用这个机遇，走出创业的第一步。生意慢慢做大，储存的“蛋”也越来越多。

犹太商人在竞争中处于劣势时，大多会寻找合作伙伴，借势借力，为自己争得生存的空间，乃至形成对行业的垄断。

洛克菲勒起家时，由于财力有限，在和一些竞争对手角逐时常常处于劣势，他追求的垄断炼油和石油销售的计划很难实现。通过对获取的信息加以分析，他认识到原油产地的石油公司在需要铁路时就用，不需要时就置之不理，导致铁路生意不好做，铁路运费变化不定。洛克菲勒进而认识到，如果能与铁路部门方面达成一个合作协议，向他们保证日运油量，铁路公司必定为运费打折扣。如果双方对这个折扣高度保密，必定形成对其他石油公司的严重打击，这样垄断石油行业的日子就不远了。最终，洛克菲勒在两大铁路巨头顾尔德和凡德毕尔特之间进行权衡，选择了铁路霸主凡德毕尔特作为合作伙伴。双方经过激烈的谈判后，终于达成协议，洛克菲勒保证每天为铁路部门提供60车皮的石油运输量，而铁路部门运费降低了20%。洛克菲勒财团就这样降低了石油的物流成本，以最低廉的价格赢得了巨大的市场。

洛克菲勒在与同行的竞争中，尽量避免和他们发生正面冲突，而是采取了借助第三者的力量，强化自身资本，以低廉的价格击败同行，最终达到垄断的目的。

犹太人认为，只有将智慧融入金钱之中，才是真正的智慧；金钱只有依靠智慧，才是活的金钱。它们是统一的，是一种完美的结合。

第六章

管钱策略：看紧自己的钱袋

不要怕别人说你吝啬

➡ 世界上到处流行这样的说法："犹太人是吝啬鬼。"也就是说犹太人花钱的时候非常小气。然而，犹太人却为自己的吝啬感到高兴。因为，身为商人，对物品的斤斤计较和对金钱一分一毫的计算，是商人的本能反应，对犹太人来说，这简直是对他们精明投资的一种褒扬。

"紧紧地看住你的钱袋，不要让你的金钱随意地流出去，不要怕别人说你吝啬。当你的钱每花出去一分都要有两分钱的利润的时候，才可以花出去。"

洛克菲勒早年在一家大石油公司做焊接工，任务是焊接装石油的巨大油桶。要焊接就会有焊条的铁渣掉落，他细心地发现，每焊接一个油桶要掉落的铁渣每次不多不少正好是509粒，他想：要焊接那堆得像山一样的油桶要浪费多少铁呀！

于是他改进了焊接的技术，让每次掉落的铁渣减少了一粒。这样，这家石油公司全年就可以省下高达5.7亿美元的成本。而洛克菲勒本人也因此获得了一次极佳的晋升机会。

当他有了一些积蓄的时候，他开始自己创业。刚开始步入商界时，经营步履维艰，很快就花完了他好不容易积攒的一点儿钱。于是他苦思冥想怎样发财，却苦于没有方法。

有一天晚上，他发现报纸上有一则广告在推销一本关于发财秘诀的书。他高兴极了，第二天急急忙忙到书店去买了一本。他迫不及待地把买来的书打开一看，只见书内仅有“勤俭”二字，就再没有任何内容了，这使他大为失望。

后来，他反复思考这个“秘诀”究竟“秘”在哪里？起初，他认为书店和作者在欺骗他，一本书只有这么简单的两个字，他想控告他们欺骗读者。后来，他越想越觉得此书言之有理。

确实，要想发财致富，除了勤俭之外，没有其他办法。此后，他将所赚的钱尽量节省下来，同时加倍努力工作，千方百计地增加一些收入。

这样坚持了5年，洛克菲勒积存了800美元，然后将这笔钱用于经营煤油生意。在经营中他精打细算，千方百计地节省开支，把赢利中的大部分储存起来，时机成熟了，再把它投资到石油买卖中。

就这样，他的生意如滚雪球一般越做越大。

经过30多年的“勤俭”经营，洛克菲勒成为北美最大的三个大财团之一，其拥有的石油公司年营业额可达1100多亿美元。

努力挣钱是行动，设法省钱是理念。巨大的财富需要付出努力才能得到，同时也需要杜绝漏洞才能积聚。

洛克菲勒成为亿万富翁后，他的经营管理也是以节约为重点的策略。他对下属的要求是，每提炼一加仑原油的成本，要计算到小数点后的第3位，每天早上他一上班，就要求公司各部门将一份有关成本和利润的报表送上来。

渐渐地，他熟稔了经理们报上来的成本开支、销售统计以及损益等各种会计报表，他也常常能从中发现问题。

1879年的一天，他问一个炼油厂的经理：“为什么你们提炼一加仑原油要花19.8492美元，而东部的一个炼油厂做同样的工作只要19.849美元？”

正如后人对他的评价，洛克菲勒是统计分析、成本会计和单位计价的一名先驱，也是撑起大企业的关键“拱顶石”。

到了老年，有一天，洛克菲勒向他的秘书借了5美分，当洛克菲勒还钱给秘书的时候，秘书不好意思要，洛克菲勒当即大怒：“记住！5美分是1美元一年的利息，怎么可以不要？”

很多犹太商人，对任何开支都是精打细算，为的就是尽量地降低成本，减少费用，他们总是说：“要把一块钱当做两块钱来使用。如果在一个地方错用了一块钱，并不只是损失一块钱，而是花了两块钱。”

犹太人只把钱用在该用的地方，他们认为不该花钱的地方，是一块钱也不会花出去的。

洛克菲勒说过：“对钱必须有爱惜之情，钱才会聚集到你身边，你越尊重它，珍惜它，它越会心甘情愿地跑进你的口袋。”

犹太商人不管多么富有，绝不会随意挥霍钱财。在宴请宾客时，以吃饱吃好为主，不会讲排场乱花钱。在生活中，以积蓄钱财为上，不会用光吃光，使自己手头空空的。

犹太人估算过，依照世界的标准利率来算，如果一个人每天储蓄1美元，88年后就可以得到100万美元。这88年时间虽然长了一点，但每天储蓄1美元，那么在10年、20年后，很容易就可以达到100万美元。

可见，对金钱除了爱之外，还要珍惜，也就是说，除了想发财外，还要想办法保护已有的钱财，这就是犹太人经营致富的一个秘诀。

犹太富商亚凯德说：“犹太人普遍遵守的发财原则，那就是不要让自己的支出超过自己的收入，如果支出超过收入便是不正常的现象，更谈不上发财致富了。”

犹太人认为，不要把支出和各种欲望混为一谈。各人的家庭都有不同的欲望，可是这些欲望是各人的收入所不能满足的，因此切不可把自己的收入花在不能满足的欲望上面，因为有很多欲望是永远不能满足的。

犹太人认为，欲望好像是野草，农田里只要有空地，它就生根滋长，繁殖下去。欲望就是如此，只要你心里有欲望，它也会生根繁殖。欲望是无穷无尽的，但是你能做到的却是微乎其微。人们要仔细研究现在的生活习惯，因为即使有些支出是必要的，但是经过思考后，这些支出或许是可以取消的。

别以为亿万富翁有那么多的金钱，就一定可以满足自己的每一个欲望，这种想法是不正确的。身为亿万富翁，他的时间有限，精力有限，他能走的路程也有限，他吃进胃里的食物也有限，而且他的享乐范围也有限。

但一个人的欲望是无穷无尽的，这些欲望是永远都不会完全满足的，如果把自己的收入花在无法满足的欲望上面，就会陷入欲望的无底洞中，永远无法积累下钱财了。

这就是犹太人，他们善于防止金钱的流失。《塔木德》说："金钱容易引发意外，任何人对待金钱都要谨慎，否则就要损失金钱。先要学会看管少量金钱，然后才可以管理更多金钱，这是提防金钱损失的最聪明的办法。"

当某个可以获得大批金钱的投资机会出现时，有些人被它所迷惑，盲目参与投资，那是很可能导致金钱蒙受损失的。

《塔木德》还指出："本金有安全保障的投资，才是第一流的投资行为。为求高利润而丧失本金的投资，是愚蠢的冒险。作为投资者，不要被急于发财的心态所蒙蔽，必须要仔细调查研究。当你有了充足证据，而且没有冒险成分存在的时候，才可以拿出部分金钱来投资。"

犹太人有句格言这样说："花1美元，就要发挥1美元的100%的功效。"

"吝啬"，有时候和节俭一样，是一种优秀的品德。

控制花钱的欲望

➡ 不要把支出和各种欲望搅在一起。每个人都有不同的欲望，可是这些欲望是各位的收入所不能满足的，因此你不能把你的收入花在无法满足的欲望上面，因为许多欲望是永远不能满足的。

“有人向我提出这个问题：如果一个人的全部收入还不够必要的支出，他如何能够留下十分之一的收入作为储蓄呢？”这就是犹太人亚凯德第一天上课时向学生们所说的话。

“昨天带着空钱包来上课的人有哪几位同学？”亚凯德问道。

“我们全体同学。”学生们齐声回答。

“可是，你们的收入也未必完全相同，有些人收入较高，有些人收入较低，有些人家庭负担较重，有些人家庭负担较轻，但有一个共同之处：大家的钱包都是空的。我现在要提出一个我和我的儿子都要遵守的发财秘诀，那就是：不要让我们的‘支出’超过我们的收入，如果‘支出’超过收入便是不正常的现象。

“我的时间有限，我的精力有限，我能到达的路程也有限，我吃进胃里的食物也有限，而且我的享乐范围也有限。

“你们要仔细审视现在的生活习惯，可能会认为有些钱是必要的支出了，但经过深思熟虑之后便会觉得可以把支出减少。也许觉得可以把它取消。你们要把这句话当做格言：花出1块钱，就要发挥它100%的功效。

“把一切的必要开支做一次预算，切记不要动用储蓄的10%收入，因为那是致富的本源。你要养成储蓄致富的习惯，预算须做出有利的调整，调整预算能帮你保住已经赚得的金钱。”

有一位学生站起来说：“我是一个爱好自由的人，我觉得这样并不好，因为它限制购买东西的金钱数目，使我变成背负重担的驮驴。”

亚凯德回答道：“朋友，是谁决定预算呀？”

“我自己决定预算。”那位学生说。

“照你所说，难道驮驴会在钱包里面藏着宝石、贵重地毯和大量金条吗？当然不会的。驮驴只会在背包中藏些稻草、五谷和在沙漠旅行时必备的水袋罢了。

“预算的用途要帮助你发财，是要帮助你获得一切必需品，如果你还有其他愿望的话，预算也可能帮助你达成这些愿望。唯有预算才会使你摒弃不正确的欲望。黑洞中的明灯，会照亮你的眼睛，使你看清黑洞中的真正情况，预算就好像那盏明灯，它会照出你钱包中的漏洞，使你学会缝补漏洞，使你学会控制支出，把金钱用在正当的方面。”

一切费用须有预算。预算，使你有钱购买必需品，预算，使你有钱得到应得的享受，预算，使你实现正当愿望而不至于动用10%的积蓄。

会赚钱也要会理财

➡ 《塔木德》曾说：赚钱不难，花钱不易。犹太人认为，积攒财富并不是件难事。

犹太商人在研究了社会成功人士的致富之道后，发现了理财的五个基本法则。运用好这些法则，能使你所拥有的财富至少增加十至十五倍，那么就能够很容易增加你的收入。

理财的第一个法则：时刻想着如何理财，也就是有理财的意识。比如：我如何能在这家公司里更有价值？我如何在更短时间内创造出更多的价值？有什么方法可以降低成本并提升产品质量？有什么新的技术可使公司竞争力提升？

理财的第二个法则：维持财富，唯一的方法便是支出不要超过收入，同时多方投资。

理财的第三个法则：要增加你的财富。你要想加快致富的速度，就要多方投资，把赚得的钱再拿出来投资，以求得“利滚利”，这样所赚得的钱往往能成倍增长。

理财的第四个法则：保护你的财富。许多人在有钱之后反而失去安全感，甚至于比没有钱时更没有安全感。然而别担心，只要目前没有什么官司缠身，就有合法的渠道保护你的财产。

理财的第五个法则：懂得享受财富。当你致富之后，不要舍不得去享受快乐，大部分人只知道拼命赚钱，等积累了一定的财富时才去享受，不过除非你能够把提升价值、赚取财富跟快乐联系在一起，否则就无法长久这么做下去。因此有时候，你得给自己一些奖励。

犹太人认为，对于人生来说，未来是难以预料的，只有理财可以给自己的财富提供某种保护。

第七章

用钱策略：该花的钱一定要花出去

抠钱一生穷

➡ 太抠钱是成不了富翁的，只有敢赚钱才能成为富翁，这是一个很简单的道理。并不是说抠钱是错误的，问题的关键是一味地抠钱，该花钱的时候，就会太吝啬而因小失大，这会让你沾上贫穷的基因，让你永远也没有发财的机会。

商业行为就是让资产不断增值的游戏，目的是让钱不停地流转起来，有效地为自己所用。犹太人的经营原则是：没有钱投资的时候就借，等你有钱了再还。不敢借钱是永远不会发财的。抠钱只会让人变得越来越贫穷，因为抠钱让人的思维也贫穷了；敢于用钱会让人富有起来，因为这是一个成功商人应有的思维。一个人的思维和气质决定了他将来是否会拥有财富。富人会用思维创造财富，自然会表现出富人的慷慨和大度；守财的思维造成人的贫穷，因为这种人的头脑中充满了穷人惯有的卑微和小气。

人太穷，就会整天为生存而奔忙和劳碌，没有时间去想其他任何有关发展的事情了。穷人的头脑里如果没有了想发财的渴望，也就失去了成为富人的条件。

犹太巨富比尔·萨尔诺夫小时候生活在纽约的贫民窟里，他有六个兄弟姐妹，全家只靠父亲做小职员的微薄收入维持生活，日子过得非常贫困。他们把钱省了又省，才可以勉强地度日。

到了他15岁的那年，他的父亲把他叫到身边，对他说：

“小比尔，你已经长大了，要自己来养活自己了。”小比尔点点头，父亲继续说：

“我拼了一辈子也没有给你们留下什么，我希望你能去经商，这样我们才有希望改变家庭贫穷的命运，这是我们犹太人的传统。”

比尔听了父亲的忠告，走上了经商之路。三年之后，他就通过经商改变了全家的贫穷状况，5年之后，他们全家搬离了那个社区，7年后竟然在寸土寸金的纽约市内买下了一栋房子。

犹太人世代都在经商，因为他们知道只有经商才能赚更多的钱，才能彻底改变自己贫穷的命运。但赚钱是一个需要智能的游戏，想要成为一个富人，不但要有智能，而且要勤于付诸行动。

“大气魄地花钱，过舒适的生活，始终记住：不要按你的收入过日子！这样能使一个人变得自信。”

好莱坞名人路易斯·塞尔兹尼，就这样教育他的儿子大卫，大卫后来成为电影《飘》的制片人，这句话也成为风行好莱坞的致富原则。

使劲地赚钱，使劲地花钱，这才是富人的做法。

卡恩站在百货公司的前面，目不暇接地看着形形色色的商品。他身旁有一位穿得很体面的绅士，站在那里抽雪茄。卡恩恭恭敬敬地对那位绅士说：

“您的雪茄很香，好像不便宜吧？”

“2美元一支。”

“真不便宜……那您一天抽几支呀？”

“10支。”

“天哪！您抽多长时间了？”

“40多年前就抽上了。”

“什么？您仔细算算，如果您不抽这些烟，省下钱来足够买下这家气派的百货公司了！”

“这家百货公司就是我的！”

犹太人说，生活要过得幸福和开心，日子一定要有享受的感觉，不要怕花钱，相反要大把大把地花钱。犹太人喜欢在那些装饰考究、豪华的饭店吃晚餐，而且一吃就是两个小时，吃得非常丰盛。他们一边吃一边聊天，不时地哈哈大笑，给人感觉他们十分惬意。

对于一个商人来说，赚钱的时候，要有运筹帷幄的能力；花钱的时候，就大把大把地花。这样，才能显示出一个商人的胸怀和自信、气定神闲、从容不迫，这样才算是一个真正成功的商人。

乔治·萧伯纳在他的著作《巴波拉市长》中这样说道：“最大的罪行和最坏的罪行是贫困。”

财富是闯荡社会的通行证，而富有是社会安定的基础。生活得富裕不但是一种抱负，更是人生的一种义务。拥有了财富，你才能得到别人的尊重，你的地位才能提升，否则就不容易被大家所认可。

莎士比亚的名剧《威尼斯商人》就告诉了人们，金钱对于人生的重要性。

安东尼奥借了商人夏洛克的高利贷，但是不幸的是他的商船在海上遭遇了暴风，货物全部沉没海底，按照他们的契约，如果安东尼奥不能按时归还贷款，就要割下他身上的一磅肉作为赔偿。

幸亏他的未婚妻鲍西雅巧扮律师，以割肉不能流血为条件，才摆平了夏洛克。

安东尼奥为了自己的事业，在没有钱的情况下，居然连不能按时还钱就割下身上一磅肉作赔偿这样苛刻的条件也敢答应，这说明人在贫困的时候，其困难和无助之感，就像落水的人一样，即使你递过去一把刀子，他也会毫不犹豫地抓住。

不论在古代还是现代，金钱在社会生活中的力量是不能低估的。如果没有金钱，就很少有人会看得起你，你也只能处于一种孤立的边缘地带，处于社会的弱势地位。

犹太人曾说："富亲戚就是近亲戚，穷亲戚则是远亲戚。"中国也有这类的说法："富在深山有远亲，穷在闹市无近邻。"这些话语充分说明了金钱的力量是不可低估的。

犹太人的历史一再地验证了这个事实，他们没有钱的时候，只能处于社会的底层，人们都看不起他们，他们走到哪里都会受到凌辱和压迫。而等到他们有了钱，就可以和贵族平起平坐，让人们对他们钦慕和妒忌不已。

犹太人终于认识到了：在社会中，没有钱的人注定是可怜的人。如你想要获得尊严和有品质的人生，就必须要有钱。

人为什么活着？为了吃饭！难道不是为了工作吗？人生是为了吃饭才必须工作，而不是为了要工作而必须吃饭。生活就是为了吃饭，为了享受世间的快乐，这是人拼命赚钱的原因。

一个犹太人见了另一个人就问对方：

"你多大了？"

"我50岁了。"

"那你还可以享受10年。"

这个犹太人问一个中老年人多大了，似乎很不礼貌。但是他的回答表明了他的人生态度。犹太人始终认为活着就是为了享受，人活在世界上就应该尽情地享受，人应该在条件允许的情况下，尽可能地享受。

另一位住在芝加哥的犹太人已经70岁了，却要买一间很豪华的公寓，别人觉得很奇怪，问他：“你年纪这么大，也就只有几年的寿命了，还要这么大的房子干什么？”

这位犹太人反问道：“难道只有几年就不能享受了吗？”

人活着，就是要懂享受生活，这样才是有意义的人生。

犹太人认同节俭，但不赞成过分节俭。《塔木德》中说：“当富人不敢花钱的时候，他就等于是个贫穷的人。”

如果自己有了钱，却守着它们不用，把它们紧紧地按在自己的口袋，是最愚蠢的行为。犹太人认为，即使是追求高尚的精神生活，也不应该让自己贫困。他们认为自己既要追求精神层面的崇高，也应该追求世俗生活的幸福。一味追求物质方面的富有，当然不是一种好现象，然而一味追求精神生活却忽略物质生活的舒适，也是不可取的。因此，犹太人对生活的品位要求很高，他们喜欢豪华的居所和精美的食物以及高贵的名车，他们认为在有条件的情况下，过这样的生活才算是懂得享受人生。

犹太人的节俭精神与他们享受生活并不矛盾。在犹太人看来，为了赚取更多的利润，就必须节约不必要的支出。但犹太人也深知，赚取财富是为了更好地生活。他们在日常生活中，也会买自己喜欢的东西，并愿意为所喜欢的高价物品付账。

上帝把钱当礼物送给我们，目的在于让我们购买这世间的快乐，而不是让我们把钱抠出来还给他。

胡乱借钱给别人，等于是花钱买敌人

➡ 不要轻易把钱借给别人，否则你会人财两空；也不要向别人借钱，借来的钱会使你忘了勤俭。

犹太人有一句名言是：胡乱借钱给别人，等于是花钱买敌人。

犹太人认为，你可以用其他方式接济你的朋友，但不要轻易借钱给他。无原则地借钱给他人，就等于是掏钱为自己买了一个敌人，花钱伤神又伤心，可以说是世界上最亏本的生意。

犹太人朋友之间交往很少涉及金钱。朋友是朋友，钱是钱，他们分得十分清楚，一般都不把友情掺入金钱关系，也不会轻易借钱给别人。

这不是因为犹太人不喜欢自己的朋友，也不是因为大家彼此之间不信任，而是他们处理人际关系的一种哲学。

犹太人是十分自尊的，他们一般是决不肯向人求助，即使遇到了困难，他们也是尽量靠自己的力量来解决，而很少向别人请求帮助，否则就算借到了钱，也会有愧疚感。

负债者为了减轻这种愧疚的感觉，一般都会回避自己的债主朋友，并尽快地还钱，那样自己才能在朋友面前没有压力。朋友之间有了借贷关系，就会让彼此变得很不自在，感觉不舒服。

所以，犹太人之间早就心照不宣地达成默契：不借钱给自己的朋友，尤其是要好的知己。

犹太人开的餐馆门口贴着这样的一句话：我欢迎你，我想和你做朋友，但如你要借钱，我不能借，怕你借了，以后不再上门。

但犹太人喜欢放高利贷并收取利息，这也是他们赚钱的一种传统。所以，犹太人没有钱的时候，喜欢去借贷，以使自己渡过难关。向他人付利息借贷资金是一种商业行为，这和向朋友借钱的私人行为是不一样的。

有这样一个故事：

雅可夫借给亚瑟500美元，明天就要到期了，但是亚瑟根本没有钱可以还。雅可夫三天前就已经提醒亚瑟，还有三天就要还清这一笔欠他的钱了。

“明天雅可夫一定会来要钱的。”

想到这里，亚瑟坐卧不宁，烦躁地在房子里走来走去。

“你为什么还不睡觉？”

他的妻子问他，他说：“我向雅可夫借了钱了，明天早上非还他不可。”

“你现在有钱了吗？”

“我连一个子儿也没有，怎么还？”

“既然这样，那你就安心去睡觉吧！着急的应该是雅可夫，而不是你。”

亚瑟妻子的话，代表了我们处理债务的一般态度，既然没有钱就干脆放心休息，反正着急也没用。

事实上，雅可夫也确实没有办法，自己的朋友没有钱，如果逼朋友还钱，那与朋友长久培养起来的感情，就会因此崩溃了。如真要打官司，更是浪费自己的钱和心力，对朋友之间的感情也更是致命的打击。

还有一个故事是这样的：

梅西克向罗扬借了1200马克，但是梅西克一直没有钱还。每次遇到罗扬，梅西克都会溜掉，避而不见。可罗扬又束手无策，只能唉声叹气。

这时，他的另一个朋友对罗扬说："不妨写信给梅西克，叫他尽快还1800马克，看看他的反应。"

罗扬也十分需要用钱，不得已只好采纳了这个办法，就给梅西克去了一封信。

两天后，梅西克就回信了，信中说："罗扬，我记得很清楚，我只向你借了1200马克，你怎么说我欠你1800马克，随信附上1200马克。如果你要打官司要1800马克的话，你一定会输。"

如果朋友之间真的到了这种地步，两人日后关系的紧张和敌意，就可想而知了。

借钱给朋友，将以失去友情当作利息。借钱出去，就等于掏钱替自己买了个敌人。

活用资金，以钱赚钱

➡ 富人越来越富，穷人越来越穷。其主要原因是穷人拒绝接受理财知识，而富人在不断寻找理财知识和致富的途径。穷人为政府和自己工作，富人是钱和社会为他工作。

在犹太人眼里，大多数人的简单劳动并不十分重要，特别是体力劳动，因为可以从事体力劳动的人太多了。真正重要的是那些能解决问题，并产生社会价值和经济效益的好主意。好的主意和一定的资本永远是缺乏而且重要的。世界上大多数人还是穷的，这是任何人都无法改变的事实。但穷是可以改变的，要想改变穷的状况，需要了解富人与穷人之间的区别。比较一下富人与穷人之间的不同之处，不是简单的钱和资产相差悬殊，而是观念、思维方式和性格上的不同。穷人思想封闭，害怕风险，比较感性；富人思想开放，勇敢而理性。人人都想赚钱，但赚钱方式不同。穷人把钱存在银行里，而富人的钱投在投资和保险公司的账户上。穷人的钱在为政府和富人工作，富人是用自己的钱和穷人放在银行里的钱为他们工作。穷人不能责怪富人，因为穷人自愿把钱存在银行里，而银行需要把钱贷给会赚钱的富人去赚钱，进而得到回报。

犹太人认为，成为富翁最直接的方法就是用钱去赚钱，否则只有给人打工，用自己的体力在生活的道路上苦苦挣扎。现在，你面临的是可以改变这一切的机会，用市场倍增法去赚钱，美国有20%的百万富翁是靠此发家致富的，我们也可以借鉴一下。

“人两只脚，钱四只脚。”两只脚与四只脚的倍数关系，是在说明累积财富的不易。所谓“受诱惑的速度，永远比赚钱的速度快”！年轻人也应该学会如何去看待财富，如何让自己的钱具有运动的生命力。为了远离窘境，快乐幸福地过日子，在选定职场冲刺方向之后，如何建立起“钱滚钱”的理财观，也是很重要的课题。

刚步入社会时，一切皆从零开始。为了进一步深造、累积财富，甚至是为自己未来创业当老板打基础，需要一笔可观的资金，而这笔钱通常都是靠着我们省吃俭用，开源节流得来的。因此，在此阶段的理财战略是：一方面靠做兼职，尽量提高每个月的固定收入；另一方面则运用现金流量表、家庭日记账等简单工具，有效降低生活费用，以求在最短时间内，积累一笔可观的资金。

这个阶段唯一的理财方式就是储蓄，无论是定期存款还是活期存款，都悉听尊便，唯一的禁忌就是：从事高风险性的金融投资活动。

有些刚踏入社会的年轻人太过心急，一毕业就从事期货、股票等高风险的投资活动，甚至不惜向父母、亲友借贷大笔资金投资，这是很危险的行为。在经验不足的情况下，一旦血本无归，就得比别人再多奋斗好些年，更恐怕会因此丧失事业方面的冲劲儿，可以说是损失惨重。

等到你手边的钱超过10万元以后，你大概也已经开始进入投资理财的第二个阶段。此时你已在社会上工作四五年以上，日常生活费用只占你薪水的1/3左右，于是你银行存折中的数字越来越大。随着时光的流逝以及阅历的积累，你将发现越来越多的投资机会，而可供你借贷的地方也会越来越多，自然你也会有越来越多的机会可以用钱赚钱。从此，你算是踏上人生理财的转折点了。

如果你是个冒险家，风险愈大你愈快乐，此时你可能会紧紧抓住每一个投资机会，不管是创业、买股票、买期货，样样不放过。运气好的话，你可能很快地就可以达到年收入50万元的目标；运气不好则会被庞大的利息、债务压得喘不过气来；辛苦赚来的薪水，有一半进了债主的口袋里，毕竟爱拼不一定保证会赢！

至于大部分的人，既不是酷爱刺激的冒险家，也不是极端的保守主义者，虽然手中拥有少量股票时，不会担心得睡不着觉，但股票买多了，晚上还是会辗转难眠。打个比方，只有多找几个篮子，把鸡蛋分开来放，人才能心安。也就是说人要学会安排属于自己的投资组合。

这一个阶段的投资理财策略，可从第一阶段的多看不做，提升为多看少做，尤其尽量不要从事孤注一掷式的搏命投资；就算透支信用或借钱投资，至少也要控制在薪水足以支付每月利息支出的额度内。

当你房子买了，车子也买了，也组建了属于自己的小家庭，这时你便进入了人生理财的第三阶段。在这个阶段，首先你必须开始规划这一辈子的现金流量，如果经过一番精打细算之后，发现自己会入不敷出，晚景凄凉，那么开源节流、兼职打工的事还是不可免。如果你发现自己收入颇丰，支出不大，未来会颇有积蓄，那么不妨以一部分资金大胆地从事“以钱滚钱”的金钱游戏，因此所谓的投资组合式可以在这一阶段发挥得淋漓尽致。在你的投资组合中，你可以把资金分成两部分，一部分仍放在定存、活存、行会及公债中；这部分每年会有固定的利息收入，除了公债之外，本金并无亏损的风险，且兑现的速度快，可供不时之需。第二部分，你不妨把资金放在股票、黄金、基金，甚至高风险高报酬的外币及期货投资上。

不管做什么投资，你都必须有血本无归的心理准备，而且就算血本无归，也必须不会影响你的基本日常生活开支，否则就犯了投资过度、风险过高的兵家大忌。

其次，在这一个阶段，如果你有房子、车子，也结了婚、有了孩子，那么，保险是你理财规划中不可或缺的一环。正所谓“不怕一万，只怕万一”，一旦你半生辛苦所买下的房子在一场大火中付之一炬，一切从头来的打击是会令人难以招架的。因此，火险、车险、寿险等保险规划，都是这一阶段必修的课程。

如何用好自己手中的钱，是关系到生活水平高低的大问题，也是人生能不能获得滚滚财富的大问题。要知道，成为富翁只有一个途径，用好自己手中的钱，让钱来生钱。

塞满钱包并不是十全十美，但是钱包空空如也却是不可原谅的罪恶。

借机遇赚钱，成就自己

➡ 善于借钱生钱的犹太商人往往也是利用机遇的高手。在犹太人眼里善于借用机遇的人往往能够发挥自己的聪明才智。当机遇来临时，有智慧的商人会毫不犹豫地大举借钱，然后周密策划，精心运营，最终收获到别人所不敢想的利益。

犹太人金融大鳄索罗斯基金管理公司创立时只有 4 万美元的资本额，靠这一点钱在华尔街是根本掀不起大浪来的。因此，索罗斯和罗杰斯明智地采取了自己的一套策略。这套策略概括地说，就是“以利生利”，也就是金融界常说的“利用别人的钱来为自己赚钱”。

这一策略，被索罗斯形象地比喻为“杠杆原理”。

在大多数投资者胆战心惊的日子里，敢于冒险的索罗斯脱颖而出。他们利用多数投资者的心理，大胆卖空大多数机构宠爱的股票，如迪斯尼、波拉德和特洛比卡娜等，赚取了丰厚的利润。他们又以120美元的价位，卖空了典型的“一次性”股票——雅芳股票，同样获得了成功。

正是利用这两个原理，他们获得了早期的成功。其资本增长速度之快，令同行们羡慕不已。

就这样，索罗斯与罗杰斯不断地相互引导，相互启发，共同走向华尔街成功的巅峰。

靠自己经营赚钱的商人，说明他有经商本领。不用自己经营，请别人为他赚钱的商人，更能体现出他的经商才华。实践表明，后者往往比前者所赚取的钱更多。

犹太人不论在商界、政界，还是在科技界的成功者，都是善于借用别人之“势”，巧借别人之“智”的高手。

著名的希尔顿从被迫离开家到成为身价5.7亿美元的富翁只用了17年的时间，他发财的秘诀就是借用资源经营。

希尔顿年轻的时候特别渴望发财，可是一直没有找到机会。一天，他正在街上转悠，突然发现整个繁华的达拉斯商业区居然只有一家酒店。他就想：我如果在这里建一座高档次的酒店，生意准会兴隆。于是，他认真研究了一番，觉得位于达拉斯商业区大街拐角地段的一块土地最适合做酒店用地。他调查清楚了这块土地的所有者是一个叫老德米克的房地产商人之后，就去找他。老德米克给他开了个价：如果想买这块地皮，就掏30万美元。

希尔顿不置可否，却请来了建筑设计师和房地产评估师给“他”的酒店进行测算。其实，这不过是希尔顿假想中的一个酒店，他问，按他的设想，投资那个酒店需要多少钱，建筑设计师和房地产评估师告诉他，起码需要100万美元。

希尔顿只有5万美元，但是他找到了一个朋友，请他一起出资，两人一共凑了10万美元。当然这点钱还不够购买地皮的，离他设想的那个酒店还相差很远。许多人觉得希尔顿这个想法是痴人说梦话。

希尔顿一直拖延了两个多月，才再次找到老德米克，希尔顿对土地所有者老德米克说：“我想买你的土地，是想建造一座大型酒店，而我的钱只够建造一般的酒店，所以我现在不想买你的地，只想租借你的地……”老德米克已经在长期等待中错过了最佳的卖地时机，无奈之下只得把地皮租给了希尔顿。

1925年8月4日，以希尔顿名字命名的“希尔顿酒店”建成开业，从此，希尔顿的人生开始步入辉煌时期。

在犹太人眼里，借助别人的力量使自己的能力发挥最大效果，是成功的捷径，善于拜访比自己有智慧的人，可以使自己立于不败之地。

第八章

谈判策略：得理不饶人

做好准备，不要临时抱佛脚

➡ 在谈判桌前，许多人挥洒自如，风度翩翩。其实任何人都不是天才，知识来自学习，关键是充分做好谈判前的准备工作，以行动实现目标为主，以少说而精为辅。

犹太人认为，说话是没有硝烟的战争，所以犹太人在说话时特别小心谨慎，从不随便乱说，并尽可能地在开口前做好大量的准备工作。因此，犹太人在谈判时幽默风趣、从容不迫、应对自若，能随心所欲地控制谈判气氛。

这种充分做好谈判前的准备工作的方法，不仅在商界，而且在外交界也得到了普遍的重视。“巧舌能敌百万兵”，殊不知其背后倾注了多少心血。

20世纪杰出的谈判专家基辛格是犹太人，有一次陪同福特总统访问日本，他们特意邀请了一名当地非常著名的导游陪同。

在前往某个地方的路上，福特总统无意中问了导游一句：“德川幕府统治结束是哪一年？”导游并不了解这一段历史，他愣在那里，一时说不上话来。

这时候，基辛格在一旁说道：“1867年。”

福特总统感到很惊讶，心想：“连本地的导游都不知道的事，他却知道得那么清楚。”于是用赞许的眼神看了看基辛格。

基辛格知道总统心中在想什么，于是说道：“其实我在来日本之前，翻阅了大量的资料。我想，在谈判前，没有掌握详尽的情报资料肯定是不行的。所以谈判的时候，您完全不用担心了，因为我已经准备好了。我从来不打无准备的仗！”

你和犹太人熟识以后，交谈得越多，你就越会觉得他们学识渊博。他们的话题涉及政治、经济、历史、体育、娱乐、军事、时事，古今中外，仿佛没有他们不知之事，没有他们不通晓的知识。

当犹太人向你讲起大西洋海域特有鱼群的名字，汽车的构造，植物的分类和品种……你会以为他们是这方面的专家。而此刻，你已经快要被他们的渊博知识征服了。

广博的知识对犹太人而言，不仅是用来作为谈资和改变谈话的气氛。更重要的是，知识可以开阔他们的视野，可以帮助他们从更多的角度看待事物，以便选择最佳的解决问题的途径。实质上就是利于他们的投资决策。

另一方面，犹太人又非常勤奋，喜欢动笔。只要是他们相中的东西，都要记录。

犹太人爱做记录，却并不随身携带笔记本。而是在一盒香烟抽完后，把烟盒里的锡箔纸抽出来，在背面做记录，给人一种很随意的感觉。回家后，他们会重新整理。

在谈判中，犹太人也是用这种方法做记录。日期、金额、交货期限、地点，样样都记得清清楚楚。

犹太人做事，不存在含混不清的情况，更不存在错误的记忆。这些当然都得益于他们的博闻强识以及多做少说的处世习惯。

人们都说犹太人是谈判专家。哪怕是很小的谈判，都要事先做大量的准备工作。这种充分做好谈判前的准备工作的方法，无论是在商界还是外交界，都在普遍应用。

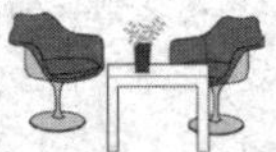

知己知彼，百战不殆

➡ 谈判前，多搜集对手的重要情报，就可以在谈判过程中始终掌握着主动，也可以借侧面谈判的方式向对方推销自己。

基辛格当年只是哈佛大学的教授。他的目的是要进入政界，当教授显然不能满足他的愿望。

基辛格寻找的机会终于来临了。

新一轮的总统竞选即将开始，而当时美国正陷在越战的泥沼之中。为了摆脱困境，美国政府已与越南在巴黎进行秘密和谈，谈判的内容是高度机密，但和谈对下届总统竞选至关重要，许多人都想知道其中秘密，而总统候选人尼克松对此更是望眼欲穿。

基辛格猜准了尼克松的心意，想到自己有位朋友可以获得和谈的内幕消息，他借此便与尼克松进行了秘密接触。

情报自然弄到手了。

第一，基辛格劝尼克松不要对大众发表关于越战的新策略。

第二，现任总统可能在短期内下令停止轰炸北越。

第三，巴黎方面已协议停止轰炸北越。

尼克松求之不得的情报轻而易举地弄到手了。

凭着这些准确情报，尼克松在大选前几日所发表的谈话没有犯下任何错误。基辛格提供情报的内容和时机，使尼克松获得极佳的群众反应和喝彩。

尼克松竞选成功，当选总统，自然对这位犹太人欣赏有加。不久，基辛格被尼克松任命为国务卿。

在犹太人看来，谈判绝不仅是买卖双方坐在谈判桌前面对面地交换意见或讨价还价，它更像是一幕精心策划的戏剧，没有做足准备、了解对方和己方的实际情况，是不可能胜利的。

多备几套谈判方案

➡ 犹太商人认为，在谈生意之前，需制订多个不同的谈判方案。这样做的好处在于：万一初次谈生意宣告失败，你还可以提出那些准备好的不同方案由对方思考，而不至于接受一个你毫无思想准备的方案，即便签约的一刻，你觉得那是你唯一可以做出的选择。

制订不同的谈判方案，而且千万不要自以为："这笔生意根本不会破裂，现在想那么多问题干吗？"对一个试图逃避准备工作的生意人而言，这确实可能是一个绝好的借口，但我们应该看到事情的另一面。在很多情形下，自认为生意不会失败，从而只抱定一种已经确定的谈判方案不放，确实也不会带来什么损失。但是，绝大多数的谈判时常受到迟迟无法达成协议的困扰。而且，如果你事先没有准备好其他的方案，你很可能被迫接受一个远远低于你满意程度的交易方案。你会在毫无退路可言的情况下，切实地感到那种"挥泪大甩卖"的心理压力。

有一位叫罗杰斯的推销员积极奔走，以极大的热忱投入推销工作，所到之处，他都热情地把空调从头到尾向买主介绍一通，乐此不疲。起初这一招也起点作用，但后来遇上一位顾客——帕克，情况就不一样了。

帕克静静地听完了罗杰斯的介绍，起初一言不发，但后来他针对空调的优点大谈起来："这种空调确实有不少优点。但是，由于它是新产品，质量是否可靠、性能是否优越都很难说。虽说噪声低，但比名牌空调的噪声大多了，我家有老人，噪声大了会影响休息；虽然不用换电表，但我住的是旧房，线路负荷已经够大的了，若再用这么大功率的空调，会引起麻烦的。而且天气已经降温了，可能这个夏天不会再有高温了。如果买了不用，半年的保修期很快过去了，等于没有保修。"听了这番吹毛求疵的挑剔，一向善辩的罗杰斯竟一时哑然，在受到"突袭"的情况下只得降价求售。

犹太商人提出了将制订"杀伤力方案"的办法：

（1）你可以决定采取什么目的。

谈生意之前，你首先应当弄清楚你所准备的方案是做什么用的：是准备在谈生意可能失败之时，你提供给对方新的条款呢，还是当对方不同意你所开列的条件时，你开出的另一些额外条件？很显然，前一种方案是全局性的，后一种方案是局部性的。

（2）你可以决定选取什么方向。

采取横向谈生意的方式，你可以将准备洽谈的议题全面铺开来，并且规定好每轮要讨论多少个问题，按顺序一轮一轮地谈生意。采取纵向谈生意的方式，你可以把要谈生意的问题整理成一个序列，按顺序谈生意，一次只谈一个问题，这个问题不彻底解决就不进行下一问题的讨论。

在制订谈生意的方案时，一些重要元素一定不能忽略：如谈生意主题和目标；谈生意时间；谈生意议程等。

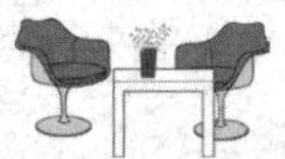

选择合适的谈判时机

➡ 不要不合时宜地谈生意，而要选择最好的谈生意时机！这一点，对犹太人来说是最讲究的。

有很多生意谈判之所以没成功，并不是因为生意本身不好，也不是因为执行不到位，而是执行的人没有选择适当时机。选择时机在谈生意过程中比其他任何的因素都更为重要。我们应该何时与对方谈生意？我们在什么时候向对方提出这个要求最为合适？在这个阶段能不能给对方施加压力？谈生意到了现在可以结束吗？谈生意的每一个进程都要在良好的时机下步步为营，时机把握不牢，你可能还没开始与对方谈生意就已遭到失败；也许本来你很快就可以与对方达成协议了，但因为你没有把握住时机，你不得不再继续同对方讨价还价，由此你的利益又受到了损失……所以，对时机的把握有可能帮助你谈妥生意，也可能让你把整个谈生意搞得很糟。

虽然在谈生意过程中你可以控制时机，但你应当从对方那里得到行动的提示。显然，要达到这个目的，你应该做的是倾听而非说话，并且认真理解。其实这一点，我们曾多次提到并强调。只要你的问题提得恰当，你可以获得许多有关时机选择的线索。

例如：对方公司出于预算或其他方面的考虑，可能在一年内的某些时间做出购买的决定。这一类信息常常通过询问就可以得到。

犹太商人认为要想在谈判中选择最好的时机出手，必须切记以下三条基本的原则：

（1）别轻易脱口而出。

对于任何一项提议，应当先花时间去考虑一下，看看当时的形势下，你是否可以利用时机的选择得到好处。在没有考虑清楚时，不要轻易地给出任何答复。

假如你对你的对手一无所知，那么，一笔交易的谈判所要花的时间，显然会长一些。如果对方被你一开始所做的那段介绍所打动，那你在再次介绍之前，最好同他交换一些意见。如果你知道对方接受交易的过程需要历时数月，就不要试图在几个星期之后就迫使他做出承诺。

（2）别失去耐心。

我们常常受立刻满足这一欲望的驱使，而公司的环境似乎更加强调了这种冲动。接着干下一件事吧，这会减少一件令人烦心的事。

然而，即使我们能使别人按照我们的意愿行事，也难以做到让他们按照我们的进度行事。所以我们劝告谈生意者，最好调整你自己的时间表以配合别人的时间表。对于谈生意者而言，有关时机选择的各个方面，实在没有比耐心更为重要的东西了。耐心和坚持不懈是你谈生意的基本信条。

大多数交易都有一个期限，它总是按照一种预定的程序和进度进行的。一次谈生意需要花费的时间，可以是几小时，也可以是几天、几个月甚至几年。正确的时机选择就是依计行事，该做什么就做什么，该怎么做就怎么做。有些人在了解谈生意的必要程序后，就想寻找捷径。因为急于成交，他们总想压缩时间，或删掉某些程序，他们看见了适当的时机选择的标记却置若罔闻，这就容易导致谈判的失败。

该出手时就出手——因为已到了出手的最佳时机；同样，该谈生意时就谈生意。最好的谈生意时机找到了，接下来的问题是，应如何用好它，利用它摧垮对手，在最后签订的协议上获得最大的利益。切记不要把最好的时机弃之不顾。要在谈生意过程中选择适当的时机并不是一件容易的事，其实，每天都会有许多意想不到的时机出现在你面前，你必须敏感地对这些良机的重要性做出及时反应，引导事情朝着对你有利的方向发展。也就是说，你要会利用时机。

那么，应该如何利用时机呢?

（1）利用别人愉快的时机。

延长或重新签订合同时，千万不要在合同即将满期的时候去做，应该选择对方愉快时去延长或者续订合同。如果对方得到某个好消息，即使它与你无关，但这也为你提供了一个良好的时机，这时去向他提要求，大多会畅通无阻，当然，你的要求不能过分。

（2）利用别人倒霉的时机。

别人倒霉时，能为你带来各种各样的机会，正如你应该趁当事人最愉快的时候来续签合同一样，你就应该在这个可能成为买主的人对你的竞争对手最不满时跟他签订合同。

（3）你最好的交易对象是刚上任或快下台的人。

新上任的人急于干些事，使自己出名，而他通常又被赋予充分的行动自由；即将离任的人，因为自己将不再为这样一些头痛的事四处奔走，也不再斤斤计较。

（4）运用非常时机的时机选择。

在深夜或周末期间打电话，往往会有较大的效果。你一定要这样开头：“这件事太重要了，所以，我要在周末告诉你。”

（5）花时间去缓和威胁。

选择时机是缓和对方要求的最好办法。我们可能迫使对方做出答复，而又做得不那么强势。

此外，还要对事情的轻重缓急有清楚的认识。如果你讨论的问题很多，或者你要使对方接受的主意和项目很多，那就一定要为最重要的问题留下充分的谈判时间。

有时机，却不会充分利用，仍然对谈生意不在行！这是犹太商人的忠告。

做好记录

➡ 犹太人都有一个习惯，每次抽完烟后并不把烟盒扔掉，而是把烟盒里的锡箔纸抽出来，在背面做记录。别小看这个小习惯，人常说“好记性不如烂笔头”。要经常记录一些临时发生的事，回家后再整理一下。

一个犹太人与外商谈判做生意。交货日期定好了是7月1日，外商交货，犹太人交钱。可是外商没有按时交货，犹太人前去找他理论，外商本想抵赖，说道：“好像谈判时交货日期定的是某月某日，先生你记得有误吧？”

可是犹太人从上衣兜里掏出香烟的锡箔纸，然后指着上面的字说：“你记错了！我这上面记得非常准确，就是今天！锡箔纸背面的记录就是我的原则。而且我们是有合同的，你不能按时交货，那么必须赔偿我的损失。”外商无可奈何，只好赔偿犹太人所有的损失。

犹太人虽然没有从外商那里得到他想要的货，但是他从外商那里得到了比那些货物价值更高的赔偿。

当你和别人交谈的时候，没有广博的知识是不行的。知识要在日常生活中一点一点地积累，这样可以开阔你的视野，可以帮助你从更宽广的角度看待事物，以选择解决问题的最佳途径。

爱做记录是犹太人的特点，这样做有利于整理自己的思维，让自己的思维在谈判中更加严谨，更加有秩序，犹太人也是用这种方法做记录。日期、金额、交货期限、地点，样样都要清清楚楚。谈判中的这种记录可以成为生意的备忘录。

诚信观念：犹太商人立足的根本

一诺千金，信用至上

➡ 犹太商人由于普遍重信守约，相互间做生意时经常连合同都不需要，口头的允诺已有足够的约束力。犹太商人首先意识到的是守约这一义务，而不是守某项具体条款的义务。

犹太人经商十分守约。只要和他们签订了契约，你就不会有任何的后顾之忧了。他们信任契约，相信签约双方都是会严格遵守的。

一份好的合同备忘录只是规定双方的意向和协议的主要条件，但不是细节。如果协议备忘录是由对方拟就，你就必须特别小心，不能偷懒，不能天真，要强迫自己注意以下几点：

（1）要不止一次地仔细阅读备忘录，以便发现合同中的遗漏，不找出这些遗漏就可能损害你的利益。面对真正的问题，要提出自己的意见并有勇气提出已经讨论过的问题。但不可无是生非，但也不能逃避问题。如果你有理由相信对手，那么要相信他；如果你还不太相信他，要尽可能弄清细节；如果你不喜欢那些措辞，要自己动手重写。

（2）不管时间多晚你也不要签字，直到它能反映出你所理解的一致意见。需要改变主意就去改变，不要受拘束，就是到最后一分钟也是这样。

（3）“分块缔约”战术。

当双方很难就所有问题达成一致意见时，有一种方案可以采纳，那就是“分块缔约”。双方可以就低风险的合作先达成协议，而把困难的问题留待以后慢慢商量。等过一段时间，条件成熟，双方均感满意时再处理难度较高些的问题。

（4）零打碎敲的协议与一揽子协议。

法国人认为谈生意应先从原始协议开始。美国人则倾向于先从一个事实一个事实、一个问题一个问题的协议开始，最后才签约。这两种办法各有优缺点。但零打碎敲地讨价还价可以逐步建立信任并能使双方对整个情况有更好的印象，以便了解双方共同的需求和重点。一步一步地询问可以发现双方都希望避开的风险区。

在犹太商人看来，一份协议只有达成后才有效力。只有在我们握手时才算成交，而不是在这之前。

对于犹太人而言，信用的力量是巨大的，信用是一种无形的财富。它会使你在困难的时候得到真正的帮助。

诚实是立足的根本

➡ 在许多人心里，认为“老实人吃亏”、“老实就是无用的代名词”，这种偏见是非常有害的，“三老四严”，“三老”就是“做老实人，说老实话，办老实事”，无数事实证明，诚实的人最终并不吃亏。

成大事者相信：诚实是立足于社会和做大事的根本。

日本山一证券公司的创始人小池田子说：“做生意成功第一要诀就是诚实。诚实像是树木的根，如果没有根，树木就别想有生命了。”这确是小池的经验之谈，他正是因诚实而起家的。小池田子20多岁时开商店，同时还在一家机器制造公司当推销员。有一个时期，他推销机器很顺利，半个月内便跟33位顾客签订了契约，并收了定金，之后他发觉所卖的机器比别的公司出产的同样性能的机器贵，感到很不安，立即带上合同和定金，整整花了三天的时间逐家逐户去找顾客们，老老实实说明他所卖的机器价钱比别人卖的机器贵，请他们废弃契约。这使订户深受感动，结果33人中不但没有一个废约，反而对小池田子极其信赖和敬佩。消息传开，人们知道小池田子经商诚实，纷纷前来他的商店购买货物或是向他订购机器。诚实使小池田子财源广进，终于成了大企业家。

从前有一位贤明而受人爱戴的国王，把国家治理得井井有条。国王年纪逐渐大了，但膝下并无子女。最后他决定，在全国范围内挑选一个孩子收为义子，培养成未来的国王。

国王选子的标准很独特，给孩子们每人发一些花种子，宣布谁如果用这些种子培育出最美丽的花朵，那么谁就将成为他的义子。

孩子们领回种子后，开始精心地培育，从早到晚，浇水、施肥、松土，谁都希望自己能够成为幸运者。

有个叫雄日的男孩，也整天精心地培育花种。但是，10天过去了，半个月过去了，花盆里的种子连芽都没冒出来，更别说开花了。

国王决定观花的日子到了。无数个衣着漂亮的孩子涌上街头，他们各自捧着开满鲜花的花盆，用期盼的目光看着巡视的国王。国王环视着争奇斗艳的花朵与漂亮的孩子们，并没有像大家想象中的那样高兴。

忽然，国王看见了端着空花盆的雄日。他无精打采地站在那里，国王把他叫到跟前，问他："你为什么端着空花盆呢？"

雄日抽泣着，把自己无论如何精心侍弄花种也不发芽的经过说了一遍。没想到国王的脸上却露出了最开心的笑容，他把雄日抱了起来。高声说："孩子，我要找的就是你！"

"为什么是这样？"大家不解地问国王。

国王说："我发下的花种全部是煮过的，根本就不可能发芽开花。"

捧着鲜花的孩子们都低下了头，因为他们全换过种子。

世界上虚假的东西很多，它们在一时间也确实蒙蔽了不少人，但假的终究是假的，经不起真实的考验。我们要达到成功的目的，靠欺骗的手段可能会一时奏效，但远不如诚实可靠。

阿瑟因·佩拉托雷现在是美国曼哈顿航运线的老板。至今，他仍然记得在他10岁时发生的一件事。

那年正是经济大萧条时期，他在一辆大运货卡车上工作，每天要向

100家商店递送特别食品，干12小时的工作只能挣到一个三明治、一杯饮料和50美分。

一天，他在桌子底下拾到了15美分并把它交给了老板。老板拍着他的双肩承认，钱是自己故意放在那里的，想看看他是否值得信任。后来，佩拉托雷一直为他工作到上完高中，是诚实使他在美国经济最困难的时期保住了自己的工作。

在后来的年代里，他又干过许多工作：侍者、房屋清洁工等。再后来，当他自己的卡车生意挣扎着度过四个连续亏损的惨淡之年时，他就会回想起在糖果店里学到的关于诚实的一课。

诚实的人不吃亏；自以为聪明，贪图小便宜，爱骗人的“伪君子”，最终是不会成就大事的。

诚实，是世界的支柱

➡ 人类道德中包含着诚信、宽容、善良之类的基本要义，犹太民族可谓人类道德的忠实实践者，这不但体现在他们的日常生活中，也体现在犹太商人的商业行为中。

尽管世界各民族皆有“经商应童叟无欺”的说法，但只有犹太人是最严格执行这种正直交易的民族。

“唯有诚实正直的经商之道，才是生存处世的最高法则”，这是犹太人深刻体会到的心得。

在犹太商人作为“世界第一商人”的商旅生涯中，犹太民族与其他各民族打交道最多。

在犹太人看来，诚实是支撑世界的“三大支柱”之一，另两个是和平与公正。

但是，犹太人与众不同的是，对说谎者他们不会鄙视，也不会有置之于死地而后快的报复心理，他们想到的往往是宽容与救赎；他们会报以怜悯之心，因为他们认为说谎者失去了人性中最宝贵的东西，死后要受炼狱之苦，这太可怜了。

在商业社会，人类有繁杂的法律和规章制度，目的就是要消除人性中恶的因素。但是我们却很忧虑地看到，尽管人们可以针对制度、律法的不足不断地完善它、修正它，但人类永远不能靠它来建立起良知的大厦。为此，道德作为社会中调整人与人之间、人与自然之间关系的一种内在力量，就显得尤其重要。它尽管不能保证人人向善从善，但它却比制度、法律有着更深刻、更基础性的教化力量。因此，现代物质文明的高度发达却日益呼唤着人类的道德良知，道德的力量将是永恒的。

《塔木德》这样告诫犹太人：你们不可偷盗；不可欺骗；不可抢夺他人的财物；不可向着我起假誓，亵渎我的名。

商业就是提供一种服务。只有诚实待人，取得别人的信任，自己才可以获得利润。而满脑子只想从别人的口袋里把钱捞走的，和诈骗、抢劫没有什么两样。

诚实是经商的第一要务，这是犹太人的经商法则。他们对善于欺骗的人深恶痛绝，认为他们是不可饶恕的；犹太人认为不贪图小便宜，不逃税漏税，做一个诚实守法的人，才是有意义的人生。

《塔木德》中有个故事就是这样教育犹太人应该诚实，绝不可以用投机取巧的办法，不劳而获地得到财富：

有个犹太智者平日靠砍柴为生，但是为了研究《塔木德》，他决定买一头驴来代替自己运柴，以节省时间看书。

智者到了市集上，从一个阿拉伯人那里买了一头驴回到了家，徒弟们一见非常高兴，就把驴牵到河边洗澡。这时，驴脖子上掉下来一颗很大的钻石，光芒四射，徒弟们欢呼雀跃，认为这是上天赐给智者的礼物，这样一来，这位贫穷的智者从此就可以不用天天砍柴，转而专心地研读《塔木德》了。

当徒弟们兴高采烈地把这颗珍贵的钻石给智者看的时候，智者却平静地说："我们应该把这颗钻石还给那位阿拉伯人才对。"

徒弟们不解，智者严肃地说：

“我们买的是驴子，不是钻石，我们犹太人只能拿属于我们自己的东西。”

阿拉伯人见智者的徒弟们来归还钻石，非常惊讶地说：

“你已经买了这头驴，既然那钻石在这头驴的身上，那你们也就拥有这颗钻石了。所以，你们不必还我了，还是自己留着用吧！”

智者的徒弟们说：“老师教导过，这是我们犹太人的传统，我们只能拿支付过金钱的东西，所以，这颗钻石必须还你。”

阿拉伯人听后肃然起敬。

犹太人经商的时候一定讲究诚信，决不用那种欺骗的手段来获取财富，更不屑于做“只要每个人上当一次，我就发财了”的生意，他们厌恶那种流寇式的抢钱策略，即使是在到处被人驱赶、朝不保夕的年代，他们看重的也是长期合作、注重信誉，慢慢地在市场中建立起良好的商业口碑。

而且他们的商品绝少有假冒伪劣的。诚实守信意味着平等地交易、公平地竞争。《塔木德》中是这样说的：“你们不可行不义，要用公道天秤、公道砝码。”

诚信是商人最大的本钱，所以在犹太人的生意场上，他们最看重诚信，对于不诚信的人，他们是无法原谅的。

信用比金钱更重要

➡ 我们立足于人世间，对别人讲信用是为了让自己根深蒂固，根深蒂固便可以使自己的人生一帆风顺，遇到困难也可以挺过去，成就一生的大事。

1835年，摩根先生成为一家名叫“伊特纳火灾”的小保险公司的股东，因为这家公司不用马上拿出现金，只需要在股东名册上签上名字就可成为股东。这正符合当时摩根先生没有现金却想获得收益的情况。

很快，有一家在伊特纳火灾保险公司投保的客户家发生了火灾。按照规定，如果完全付清赔偿金，保险公司就会破产。股东们一个个惊慌失措，纷纷要求退股。

摩根先生斟酌再三，认为自己的信誉比金钱更重要，他四处筹款并卖掉了自己的住房，低价收购了所有要求退股的股份。然后他将赔偿金如数付给了投保的客户。

一时间，伊特纳火灾保险公司声名鹊起。

已经身无分文的摩根先生成为保险公司的所有者，但保险公司已经濒临破产。无奈之中他打出广告，凡是再到伊特纳火灾保险公司投保的客户，保险金一律加倍收取。

不料客户很快蜂拥而至。原来在很多人的心目中，伊特纳公司是最讲信誉的保险公司，这一点使它比许多有名的大保险公司更受欢迎。伊特纳火灾保险公司从此崛起。

这位摩根先生，正是赫赫有名的摩根家族的创始人。

成就摩根家族的并不仅仅是一场火灾，而是比金钱更有价值的信誉。还有什么比让别人都信任你更宝贵的呢？信任的基础是什么？是互相之间对人品的了解与欣赏，是人与人之间无法用金钱来衡量的友情。

1986年，日本商人藤田接受美国油料公司制造300万套餐具刀叉的委托，约定9月1日在芝加哥交货。他马上委托岐阜县关市的制造者制造，为不耽误交货日期，要求在8月1日由横滨出货，但制造者却只能在8月27日出货，这样一来，除非空运，否则就无法如期交货。而芝加哥与东京间的空运费用约3万美元，用以运300万套刀叉很不合算。他想："订约的对方是犹太人旗下的美国油料公司，不论怎样必须如期交货，一旦失约，对方将绝对不再信任我们。"于是，藤田不惜花3万美元空运费租下波音707飞机，于8月31日装好货，飞往芝加哥，如期于9月1日交了货。对方对藤田此举大为赞赏，第二年又向他订货，订制量达到600万套刀叉。但是，制造者又误了出货日期，他又只好租用飞机空运如期交货。两次租机如期交货，虽亏损很大，却换来了犹太人对他的高度信任。藤田两次不怕亏损租用飞机如期交货的消息不胫而走，传遍了整个世界，他也因此获得了"银座犹太人"的美誉，它的含义是"日本唯一遵守契约的商人"。从此，犹太人的订货单源源不断，使藤田财源广进。

艾哈迈德·奥斯曼出生在埃及伊斯梅利亚城的一个贫苦家庭。

1942年，奥斯曼开始了他的承包商之路，根据在其舅父在承包行业的工作经验，奥斯曼确立了"谋事以诚，平等相待，以信誉为重"的经营原则。他第一次承包的是设计一个小店的铺面，合同金很少，但他煞费苦心，毫不马虎，设计出来的铺面使店主十分满意。正是靠“诚”字守信经营，他的承包公司在20世纪50年代初已获纯利54000美元。

20世纪50年代后期，中东地区的石油资源得到发现和开采，中东各国相继加快国内建设步伐。精明的奥斯曼很快把眼光投向中东地区，在沙特阿拉伯承包工程。他以“低投标、高质量、讲信誉”为准则来履行承包合同，并注意吸收西方国家公司的先进经验。这样，奥斯曼公司承包的工程很令沙特王室满意，影响力不断扩大。几年后，奥斯曼公司在科威特、约旦、苏丹、利比亚等国家成立了分公司，奥斯曼成为中东地区著名的大建筑承包商。

1961年，埃及总统纳赛尔颁布国有化法令，许多私有企业被收归国有，奥斯曼公司也不例外。奥斯曼公司每年只能收取全部利润的4%，但奥斯曼并未记恨，继续为国家建设出力，由此得到了埃及人民和纳赛尔总统的盛赞。

也正是由于公司重信誉，讲质量，以诚报国，奥斯曼公司在萨达特·穆巴拉克担任埃及总统后，不仅原来被没收的公司资产得到归还，而且还参与了埃及许多大工程的单独承包。公司影响力进一步扩大。到1981年，奥斯曼公司的资本已达40亿美元，奥斯曼本人也成为驰名中东地区的大实业家。

如果不守信用、抛弃信用的人，人们也会把他看得一文不值；假如你不想如此，想成就一番大事业，就必须做一个讲信用之人。

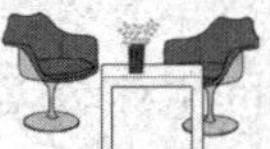

守信用，生意才能做长久

➡ 在犹太商人看来，生意是一场激烈的竞争，而且竞争中手段很多，使人防不胜防。但是，谈生意要以诚相待。谈生意这一过程绝不是“胁迫”的代名词。谈生意所签订的协议是靠生意者的双方信守来保证的，谈生意者要同时兼顾自己与对方的利益。

美国前国务卿、著名谈判家基辛格就说过：“在外行人眼里，外交家是狡诈的。而明智的外交家相当清楚，决不能愚弄对方。从长远来看，可靠和公平是一笔重要的资产。”

的确，如果你的生意伙伴从心底不信任你，那么你不会从他那里得到任何重要的信息。相反，当对方认为你可信时，不仅在谈判桌上，甚至在一些私下场合，他也会告诉你一些信息。例如：

甲：瞧，我知道我们的出价是低了点，不过，我们确实对贵公司的产品很感兴趣。

乙：可是，你们在价格上的态度，让人感到一点诚意也没有。

甲：我知道这个。可是，如果贵公司稍微让步，我们的报价还会变化。

这段看似平常的对话可能会成为你走向成功的台阶。这并不是因为你用阴谋诡计控制了对方，而是因为你得到了信赖。只有当对方认为你人品正直无可质疑时，才会将秘密的关键材料透露给你。如果你被对方认为是值得信赖的话，你要尽力维护这一形象，这至少在你与对方下次谈生意时有用处。要知道，在谈生意过程中经过接触和了解、相互尊敬和体谅，双方会形成一种良好的工作关系，从而使每次谈生意都变得顺利而有效。要把对手看成解决问题的伙伴，想方设法用坦诚的态度和诚恳的语言感化对方，把对手拉向共同解决问题的轨道。

犹太商人在与外国商人谈生意中，总是彬彬有礼，殷勤谦恭，但他们内心却隐藏着“一定要赢”的愿望。犹太商人经常说说笑笑地讨价还价。为了与对方建立信任，犹太商人首先会向对方表示好感，然后进行一些富有人情味的闲谈，以便建立起相互之间的亲密关系。他们聊的都是双方都感兴趣的话题，以及“坦诚”地表示对将来合作的渴望，对方的戒备逐渐放松了，却为犹太商人讨价还价奠定了基础。

对于谈生意，首先要澄清几种观念上的误区：

（1）并不是所有的谈生意者都跟你看法一致，你不能根据你的道德标准衡量对方；

（2）你的对手很可能会利用你无条件的坦诚击倒你；

（3）隐瞒信息，吞吞吐吐，也不是办法。

为此，你在谈生意中的坦诚需要能伸能缩：

（1）制订个谈生意计划，一步一步向自己的要求迈进；

（2）对你的谈生意对手做好充分的心理准备；

（3）表现出坦诚并不意味着天真地毫不遮掩；

（4）对方不一定是你想象中的利他主义者。

在谈生意中表现出坦诚应该不是一件很难的事，下面一些方法是不劳开口就可做到的：

（1）微笑。真诚地微笑如同高声宣布“我很高兴与您合作”；

（2）身体前倾。在几乎所有的文明中，它都表示兴趣和专注；

（3）利用每一次机会点头。通过这个简单的动作可以让对方知道你是在倾听；

（4）使用开放的手势。将两臂交叉于胸前可能被认为缺乏兴趣或表示抵制。开放的姿势将表示你对对方的看法持接纳态度。

只有在谈生意中以诚为本、以诚待人，才能得到宝贵的信誉的筹码。成交值不单指价钱，它还包括了交易中的其他内容，比如卖方的信用就隐含在买方所付的价钱里。从买方的角度来看，侦查、确认所见所闻，和购买商品、争取服务品质一样，都是交易的重要部分。为了更有效地与谈生意的对手交涉，犹太商人认为有必要向他们提供一些有关自己的信息给他们参考，这样做对买卖双方并无坏处。但问题是，该提供多少以及提供什么内容，这些都和信用有关。如果犹太商人认定对方缺乏信用，不值得信任，那这笔生意就无法谈下去。

那么，如何才能在对手心中建立起信任感呢？

首先，要缩小你与对手的距离。

其次，用坦白争取好感。坦白的人无遮挡地吐露自己所知道的一切，甚至包括自己的动机和假设。这种策略风险很高，但收获也可能很大。但是，坦白是争取同情的好方法。

一般的人对心胸坦荡的人，都会有好感、产生怜悯；相反地，如果你凡事隐瞒、躲躲闪闪，就会令人产生恶劣的印象。

再次，帮助对方变得更可信。要让自己可信，犹太商人可以做很多，而且也容易使自己变得可信。然而孤掌难鸣，信任本来就是互相之间的关系，故而切不可忽视对方的可信度。

犹太人主张在经商时要把该防范的问题都落在纸面上，坚决堵住漏洞发生。

一天，有位美国律师向“日本的犹太人”藤田先生请求预约。其时，藤田手头正忙，就没有答应对方。

“无论如何请您抽出一点时间。”对方恳求道。

“抱歉，我实在没空。”藤田婉言谢绝。

“那好吧，每谈一小时，给您奉上酬金200美元。”对方开了价，如此诚恳的态度使藤田很难为情，这说明对方定有要事。

“好吧，那就给你30分钟。”

该律师是美国一家犹太人所开的大公司的法律顾问，该公司与日本一家商社达成了合作意向，现在需要一名监督日本公司是否守约的监督人，每月付1000美元，请藤田帮忙推荐一个合适人选。律师拿出公司老板给藤田先生的信：“因为您是犹太人的朋友，所以您介绍的监督员一定可靠。”之后，律师又拿出了该公司同日本商社的合作协议。

藤田看完后，不觉笑了起来。在美国人看来，这也许是一份完美的协议，而在藤田看来，则是一份漏洞百出、暗算人的合同。于是，藤田不仅向律师指出了该合同的漏洞，而且介绍了一位可靠的监督员。这个人几乎不干什么工作就可以每月轻而易举地获得1000美元的收入。尽管如此，该律师也是非常满意的。因为他不仅及早发现了合同的漏洞，而且找到了一名合适的监督员。否则，一旦日本商社钻了合同的漏洞，岂不悔之晚矣！

商场就是战场，商业操作中，我们和对方签即使很小的合同时，也不能大意，否则很容易被对方钻空子。

现在因经济纠纷引起的案件太多了，很大一部分源于合同纠纷，要么是合同模糊，当事人双方的意思不清楚，要么就是合同的一方故意钻空子，因为合同不可能将一切情况都一览无余。为此，我们要求积累广博的社会经验和掌握一定的法律知识，而且在签合同时一定不能粗心大意，一切条款都要经过反复考虑，对双方的权利和义务以及有可能发生的情况加以透彻分析。否则，打官司可是一件费力费时又费钱的事。

犹太人在谈判时很讲究谈判艺术，想尽办法讨价还价。因为不签订合同是你的权利，但只要签订就要承担自己的责任。“契约”是犹太人经商的法宝。世界上的任何事每时每刻都在不断地变化，但遵守契约、维护契约可以保障双方的利益不受侵犯，也是做生意能够赚钱的保障。犹太人就是在这“契约”的保障下，赚钱致富的。

犹太人一旦签订了契约就一定执行，即使有再大的困难和风险也要自己承担，这是他们成功的一个重要原因。他们笃信契约，相信对方也是严格履行契约的商人。

对于违约者，犹太人自然深恶痛绝，一定要严厉追究责任，毫不客气地要求赔偿损失；对于不履行契约的犹太人，其他犹太人都会对他唾骂，并把他逐出犹太商界。

由于各个国家对契约的重视程度不一样，所以犹太人在与外国商人做生意时，总是很小心谨慎，因为他们对对方不了解，不清楚对方是否会守约，所以他们开始并不太信任对方。

因此，在与犹太人做生意时，要想博得信任，第一件重要的事便是遵守契约。无论发生了什么突变，无论在任何特殊的环境之下，都要毫无余地地做到这点，否则你便是枉费心机，因为犹太人绝不会信任一个对契约不敬的人。

合同是买卖双方相当重视的要件，如果不履行合同规定，买卖双方会面对严重后果。事实上，不仅是犹太人，世界各国商业活动都普遍重视合同。所谓合同，即是洽谈记录，一方的条件被另一方接受后，合同即成立生效。合同经签字后，就成为约束双方行为的法律性文件，相应的合同规定的各项条款，双方都必须遵守和执行。任何一方违反合同的规定，都必须承担法律责任。因此，签订合同的任何一方必须严肃认真地遵照合同办事。

犹太人认为，要想成为一个富人，首先得遵守信用，而好的名声就是一笔无形的财富。要做到这一点，不是一天两天能够达到的，必须经过长期的积累。

第十章

犹太人系统的致富秘诀

生存哲理

公元73年罗马人洗劫耶路撒冷后，犹太人便到处遭受迫害，只好四处逃避。1000多年过去了，犹太人逐渐形成了一种生活哲学，积累经验，变得尤为聪明，更能适应环境。

犹太人认为，宇宙与生活是相依生息、相容无悖的。因此，他们把这一看法，视为自己生活的法则，并把它活用到做生意方面。

据犹太人说，他们信奉的“78：22法则”，是成功致富的根本。所谓“78：22法则”，严格地说，应该是“78.5：21.5”，由于小数拗口，故称作“78：22”。这个比数很有哲理，它是以一个正方形的内切圆关系计算出来的。假设一个正方形面积是100，那么，它的内切圆面积为78.5，剩下的面积即21.5。以整数计算表达，便是“78：22”。

说来也巧，空气中的气体比例中，氮气占78%，而氧气占22%。人体的比重中，也是由78%的水及22%的其他物质所构成的。这个78：22的数据，成为人力不可抗拒的宇宙大自然的法则，人类不能违背这种法则而生存发展。试想，如果空气中氮气占20%，氧气倒过来占80%，人类能在这样的空气中生存下去吗？又如，若把人体的水分降至占60%，那人定然会干枯而死。因此，犹太人认定“78：22”是个永恒的法则。

犹太人本着这样的法则指导自己生活中的方方面面，获得了常胜不败的结果。

例如，犹太人普遍注重学习文化知识，他们认为“书中自有黄金屋”，所以不管条件多么恶劣，他们都教育和供养自己的子女读书。有的犹太人因家庭经济条件不允许，则半工半读坚持读完大学。更有突出者，则利用业余一切时间学习。为什么犹太人那么注重学习呢？他们坚信知识就是力量，知识不是人类天生就有的，人类只有付出努力才能得到，这是法则，没有妥协余地。这种法则驱使着犹太人勤奋地学习，使他们在各行各业的竞争中处于优势。

又如犹太人做生意，他们同样本着“78：22法则”去经营运作。经商是为了赚钱，这是法则。他们认为，不赚钱地经商，是不符合“78：22法则”的。想要赚钱，在经营中就必须懂得核算，投入的资本，起码要达到一定的利润回报率才划算，如达不到这个回报率，这样的生意就不能做。

放贷赚钱法是犹太人起家的一招，他们在欧洲产业革命之时，瞄准了企业发展急需资金的状况，以高利率把钱借给那些企业，得到的回报率比自己办企业赚钱还多，而风险也相应减少，这是运用“78：22法则”的一种表现。

后来，犹太人又注意到各国经济在不断发展，需要更多的资金发展大项目。于是他们又想出办法，把犹太人分散的财富积聚起来，设立正式的金融机构，集中力量投资耗资多、回报率高的大项目。这样做，既满足了企业发展的需求，又解决了当地政府发展经济的难题，自己可从中获利。借这个契机，许多犹太人在美国、法国等欧美国家成为金融寡头，美国华尔街的银行家中也不少是犹太人。18世纪末办起中欧大金融市场的就是犹太人约瑟夫·门德壮。拥有上百亿美元资产的罗斯柴尔德金融家族的成员，也是犹太人。

犹太人善于运用资金，靠筹集来的钱实现增值，并将钱投入收益率最高的领域中去。这就是“78：22法则”的活用。犹太人巧妙地运用生存哲学，以杰出的智慧在夹缝中生存、发展，使整个民族不但保存下来，而且成为全世界有影响力的民族。

自强不息

“世上无难事，只怕有心人。”世间没有不能成功的事，只有不愿意走向成功的人。翻开古今中外的历史，那些靠经营致富的人或是攀登科学高峰的成功者，并没有比那些失败者更优越的条件。他们同样只有一双手、两条腿、一个脑袋，他们有些甚至是白手起家；论学历吧，许多大富豪在创业前都没有受过高等教育，不少人是学徒或伙计出身；论经济条件吧，多数成功者出身于贫苦家庭，幼年或青年尝尽了生活的艰苦辛酸。

他们为什么会成功呢？一句话道出真谛：他们均能自强不息，有必胜的信念。

犹太人的一个优良传统，就是自强不息。困难和挫折吓不倒他们，迫害和残杀堵不死他们的路。从罗马帝国时代起，犹太民族家园被侵占，大部分犹太人被迫离开故土，流落天涯。在漫长的流亡漂泊岁月中，犹太民族虽然灾难迭起，甚至几乎遭到灭族之灾，但人们发现，今天的犹太民族仍保持着自己的特色和民族凝聚力。千百年来，犹太民族人才辈出，精英遍布全世界。处境恶劣与成果丰硕形成强烈的反差现象，是这个民族的旺盛生命意识和自强不息的进取精神的体现。

美国连锁店先驱卢宾，是一位1849年出生于俄国的犹太人，他随父母生活在俄国，受到歧视，不得不迁居到英国。在那里生活了两年，由于温饱无望，不得不又迁居到美国纽约。由于没有条件读书，他16岁那年到加州去淘金。黄金没有淘着，迫使他另谋生路，从摆摊卖小日用品开始，逐步发展成开大商店，最后创造出连锁商店经营模式，成为大富豪。卢宾的成功，在于没有因几经波折而气馁，在淘不着黄金的情况下，肯于动脑筋、想办法，从千千万万的淘金者身上打主意，想到他们在矿场上需要各种日用必需品，就从这点作为突破口，走上规模经营和连锁销售的发迹之路。

让我们再从以色列国看看犹太人的自强不息精神。这个国家以犹太民族占主导地位，犹太人占全国人口的83%以上。历尽人间沧桑的犹太人，于1948年才在亚洲西部、地中海东岸的约2万多平方公里土地上建立起以色列国。这个国家不但建立较晚，面积狭小，而且土地贫瘠，自然条件极为恶劣。全国国土有80%以上是沙漠和荒丘，几乎是“不毛之地”。全国资源贫乏，淡水奇缺。因此，不论是天时、地利或时间对以色列都是不利的。但以色列的犹太人自强不息，靠着顽强的生存意识和杰出的智慧，经过几十年的建设和发展，使这块土地上出现了举世瞩目的奇迹，“不毛之地”长出了丰硕的庄稼，农产品不仅实现自给自足，并成为该国出口创汇的重要组成部分。1949年到1984年间，全国共改造和开发出27.2万公顷可耕土地。缺少农业用水，以挖掘地下水或远地引排的方式解决，使全国农业用水量从1949年的2.57亿立方米，增加到1984年的13亿立方米。气候条件不利，他们以科学技术调节。就这样，以色列的农业大大发展起来了。今天，以色列人口是建国初期的8倍多，该国的农业产量却比建国初期增长了16倍多。

以色列不但在农业方面取得了巨大成就，工业和其他行业同样取得了长足发展。现在，以色列的国民生产总值已达到人均年过1万美元了，步入世界发达国家行列。

可见，自强不息精神是催人奋进和获取成功的法宝，也是犹太人的一种制胜法宝。因为有了自强不息的精神，就会产生信心，有了成功的信心，就会设法发挥自己潜在的力量，这种力量用于自己的奋斗目标上，就可以使人排除万难，敢于面对现实，顽强拼搏，最终获得成功。这就是俗语所说的“精诚所致，金石为开”。相反，缺乏自强不息精神的人，会轻易自认无能，妄自菲薄，压抑了自己发展的想法和潜力，成功也就会对其敬而远之。

确立目标

人的生命虽然各有长短，但不管怎样，每个人的一生都是宝贵的。这一生，每个人只有一次。因此，人必须珍惜自己的人生，在这有限的人生中实现自己的理想。

当然，人各有志，在不同社会、不同时期，人的志向是会发生变化的。犹太人因其民族的特性以及所处环境的恶劣，大多数都能从小立志，确立自己人生的奋斗目标。正因为这样，许许多多的犹太人能集中人生有限的时间和力量去攻克人生目标，不至于分散力量，所以成功率格外高。

在人生中没有确立目标，是不容易得到成功的。许多人并不缺乏信心、能力、智力，只是没有确立目标或没有选准目标，所以没有走上成功之路。

爱因斯坦一生所取得的成功，是世界公认的，他被认为是20世纪最伟大的科学家。他的一生，亦是典型的为目标奋斗的一生。

他出生在德国一个贫苦的犹太家庭，家庭经济条件不好，加上自己小学、中学时的学习成绩平平，虽然有志于向科学领域进军，但他有自知之明，知道必须量力而行。他认为自己虽然总体成绩平平，但对物理和数学有兴趣，成绩较好。自己只有在物理和数学方面确立目标才能有出路，其他方面是不及别人的。因而他读大学时选择攻读瑞士苏黎世联邦理工学院物理学专业。

由于奋斗目标选得准确，爱因斯坦的个人潜能得以充分发挥，他在26岁时就发表了科研论文《分子尺度的新测定》，以后几年他又相继发表了4篇重要的科学论文，发展了普朗京的量子概念，提出了光量子除了有波的性状外，还具有粒子的特性，圆满地解释了光电效应，宣告狭义相对论的建立和人类对宇宙认识的重大变革，取得了前人未有的显著成就。假如他当年把自己的目标确立在文学上或音乐上（他曾是音乐爱好者），恐怕成就不如在物理学上那么辉煌。

特别值得一提的是，爱因斯坦不但有可贵的自知之明，而且对已确立的目标矢志不渝。1952年，以色列国鉴于爱因斯坦卓越的科学成就，加之他又是犹太人，邀请他担任总统职务，他却婉言谢绝了，并坦然承认自己不适合担任这一职务。确实，爱因斯坦是一位伟大的科学家，正是他终生努力奋斗才实现了自己的目标。如果他当上总统，那未必会有多大建树，因为他未显示过这方面的才华，又未曾为此目标付出过努力。

犹太人不管是从商、从政还是从事科学事业，都注重确立人生奋斗目标。先是确立目标，然后为之全力以赴。目标决定了一生，激励人不畏千辛万苦，充分发挥潜在能力。犹太人在确立目标中注意切合个人实际和环境，不会把自己的奋斗目标确立在可望而不可即的位置上，正如爱因斯坦不会把自己的奋斗目标确立在担任总统上，即使别人推崇他向此目标发展，他也不接受。

钱的观念

中国有句俗语："钱字有两戈，伤尽古今人。"这句俗语把"钱"字的形象表达清楚了，更把字的含义解释得淋漓尽致。那"戈"是古时的武器，"钱"字是由"金"和两把"戈"组成的，即指"钱"是靠武器维护的，或是经过斗争而得来的。为了"钱"，古今中外多少人伤透脑筋，费尽心力，伤尽情感；亦有多少人为其折腰，以灵魂肉体相换；亦有人视"钱"如粪土，决不染指一切不义之财，决不为铜臭折腰。

犹太人则认为"金钱无姓氏，更无履历表"。他们不像有些国家和民族那样，把钱分为"干净的钱"或"不干净的钱"。他们自信，通过合法经营赚来的钱，均可心安理得地享用。

犹太人哈同，1872年来到中国上海谋生，当时他24岁，年轻力壮，但身上除了穿着的衣服外，几乎一无所有。他立志来中国发财，但自己一无资本，二无专业知识或技术。他决心先找立足之地，因自己长得魁梧，很快他就在一家洋行找到一份看门工作。有人觉得他相貌堂堂，年轻高大，却屈就看门，实在太委屈。而哈同却不那么想，他认为看门赚来的钱是一种报酬，没有丢脸的感觉。另外，他有更深层次的考虑，"千里之行始于足下"，以这份工作为立足支点，今后通过自己的努力奋斗，积蓄力量，最后一定能找到赚更多钱的路子。

哈同在当看门工时，非常忠于职守。晚间，他利用一切可用时间阅读各种经济学和财务的书籍。老板觉得他工作出色，脑子灵活，把他调到业务部门当办事员。哈同一如既往，工作业绩不错，逐步被提升。这时，他的收入大为增加了，早怀壮志的他并没有因此而知足。这正如曹操所说的："人苦不知足，既得陇，复望蜀。"他认为自己创业的时机到了。1901年，他找理由离开了打工岗位，自己开始独立经营商行。

哈同自办的商行取名为"哈同洋行"，为了赚取更多的钱，他的洋行以经营洋货买卖为主，因为他看到洋货在中国市场上的竞争品不那么多，消费者难以"货比三家"。几年下来他的生意获得了高额的利润。

资本的增多，没有令哈同放缓自己的脚步，他开始买卖土地。他往往从一些急于等钱用的人那里买得土地，所以他把价钱压得很低，卖主也不得不就范。接着，他将低价买入的土地租给别人建房，到一定年限后收回，这样连房产也归他所有了。另外，他自己也投资建造楼房供出租，从中获取惊人的利润。几十年间，他就成为大富豪了。

赚钱有术的犹太人数不胜数，以放贷发迹的亚伦也是典型的一例。这位移居英国的犹太人从打工开始，用积蓄的一点小钱做些小生意。由于生意的扩大，他需要资金周转，不得不向钱庄或银行借钱。他在自己的实践中发觉，向别人借钱的代价确实太高，往往和商业经营获得的利润相差无几。他想，自己辛辛苦苦经营全为银行打工，而且风险比银行还大，倒不如自己从事放贷业务划算。

几年后，他开始了放贷业务。他一边维持小生意经营，一边抽出部分资金贷给急需用钱的人。另外，他又从银行借来利率相对较低的钱，以较高的利率转贷给别人，从中赚取差额利润。有些等钱应急的生产者或个人，宁愿以月息20%的利率借贷。这样，100元放贷1年，可获得240%的回报率，这比投资做买卖更赚钱。亚伦就是盯着这条赚钱的路子，迅速走上发迹之路的。据说，亚伦63岁逝世时，留下的钱财之多是当时英国首屈一指的。

以上两个例子说明，犹太人赚钱无所谓贵贱，他们所赚的钱是建立在你情我愿基础上的，感觉受之无愧，这是犹太人的赚钱秘诀之一。

犹太人对钱的观念还有一点与众不同：他们是“现金主义”的实践者。犹太商人做买卖，是以现金为标准的。他们对贸易伙伴的信誉评估，首先考虑对方的公司值多少钱，财产可换成多少现金。然后在此基础上与其做买卖或确定价格条款。他们认为，世事多变，一旦发生天灾人祸，除了现金外，别无他物可以使人立即东山再起。犹太人重视“现金主义”，也许与他们长期来遭受迫害有关。他们在许多国家多次遭受排挤，很多犹太人的财产被没收，能逃生者则往往有现金在手。这种历史教训使他们形成了“现金为王”的观念。事实上，在当今的贸易中，现金仍是十分重要的，在瞬息万变的市场中，风险潜伏在各种买卖活动中，如果忽略了“现金主义”，往往会导致血本无归。所以，犹太商人的“现金主义”观念，也不是全无道理的。

爱惜钱财

世界上流行这样一种说法："犹太人是吝啬鬼。"这种说法有一定依据，但也是一种误解。犹太人中有很多经商高手。作为商人，对物品斤斤两两的计较和金钱分分毫毫的核算是职业本能的反应。作为商人，如不精打细算，不爱惜钱财，怎能赢利呢？

在犹太人的观念中，对金钱有如下的看法：

"赚钱不难，用钱不易。"

"金钱可能是不慈悲的主义，同时也是能干的庸人。"

"金钱虽非尽善尽美，但也不致使事物腐败。"

"并非贫穷的人什么都对，富有的人什么都不对。"

"金钱对人所做的事和衣服对人所做的事相同。"

"赞美富户，并不是为了赞美人，而是为了赞美钱。"

这些犹太格言，反映出犹太人对金钱的观念。说到底，犹太人把金钱视为工具。因此，他们不管别人怎么评论与误解，总是"两耳不闻窗外事，一心埋头把钱赚"。

确实，对钱必须具有爱惜之情，它才不至于流散。你越尊重它、珍惜它，它越会心甘情愿地跑进你的口袋。

对金钱除了"爱"之外，还要"惜"。也就是说，除了想发财外，还要想办法保护已有的钱财。用现代的流行语言说，就是要"开源节流”。

犹太人这些金钱观念是很有哲理的，这是犹太人经营致富的一个奥秘。他们既千方百计努力赚钱，同时也想尽各种办法节省不必要的开支，这样才使生意获得更多的盈利。

犹太人萨尔诺夫，9岁时随父母移居美国，由于家庭清贫，他在读小学时也不得不利用放学后时间及假日做工，挣点钱贴补家用。当他小学快毕业时，父亲积劳成疾，过早地去世了，他只好辍学到社会上当童工。他没有抱怨父母给自己带来这么一个人生局面，而是非常勤恳地工作，用挣得的点滴小钱供家里人糊口，并省下几角钱买书自学。几经周折，他终于在一家邮电局找到一份送电报的工作。他从此发誓要掌握电报技术，以后当电报业的老板。在今天看来电报业已落后了，但在20世纪初却是刚问世的先进科技呢！萨尔诺夫不但有远见，而且有决心和毅力攀登科学技术的高峰。十几年间，他坚持把工资收入最大限度地节省下来。他白天卖力工作，晚上读电工夜校，获得了老板赏识而逐步得到提升。1921年，他的老板为了发展业务，开设“美国无线电公司”，萨尔诺夫被委任为该公司总经理。此时他已四十出头，终于可以大展拳脚了。最后，他终于成为美国无线电工业巨头，走上发迹轨道。

努力挣钱是开源的行动，设法节约是节流的行动。巨大的财富需要努力才能追求得到，同时也需要杜绝漏洞才能积聚下来。

世界上大多数富豪都十分注重节俭。美国连锁商店大富豪克里奇的商店遍及美国50个州的众多城市，他的资产数以亿计，但他的午餐从来都是只花 1 美元左右。

犹太人经商致富的最大秘诀，看来不仅是会做生意，还因为他们生活节俭，从不胡乱挥霍钱财。

两大财源

很多人认为犹太人做生意技高一筹，很容易获得赚钱的机会，其中的奥秘有两点是有目共睹的，那就是紧盯着两大财源：女人和嘴巴。

犹太人揭示：男人从事劳动赚钱，女人使用男人挣得的钱来维持家庭生活。生意经谈的是如何赚钱，且不论古今东西，一想到赚钱，立即会联想到女人，因为钱都掌握在女性手中。所谓“赚女人手中的钱”便成了犹太商人的首选方案。

犹太人从商，很多时候就是以女人为对象的。这些犹太商人认为，从男人身上赚钱，难度要比以女人为对象大10倍。因为男人身边往往没有钱，钱是交由女人管理的，也就是说，男人不具有消费的权力。

在那富丽堂皇的高级商店里，那些昂贵的钻石、豪华的礼服、项链、戒指、香水、手提包……无一不是在等待着女性顾客的。那些豪华商店乃至普通百货公司所展销的各种商品，均是女性产品占绝对统治地位。犹太商人就是瞄准了这个市场，获得了比别人更大的赢利。当然，今天的市场，非犹太商人也“步此后尘”，赚女人的钱不再是犹太人的专利了。

犹太商人发迹的另一财源，就是人类的嘴巴。可以说，嘴巴是消耗的“无底洞”，地球上当今有50多亿个“无底洞”，其市场潜力非常大。为此，犹太商人设法经营凡是能够进入嘴巴的商品。如粮店、食品店、鱼店、肉店、水果店、蔬菜店、餐厅、咖啡馆、酒吧，等等，举不胜举。

犹太人认为，入口的东西必然要消化和排泄，1美元的一支冰淇淋，10美元一份牛排，进入人口几小时后，都会化作废物排泄掉。如此不断地循环消耗，新的需求不断产生，商人可以在经营中不断赚到钱。当然，经营食品不如经营女性用品见利快。为此，犹太商人把女性商品列为“第一商品”，而把食品列为“第二商品”。而从事“第一商品”经营的犹太人比经营“第二商品”的多。犹太人自诩比华人更具有经商才干，依据就是华人经营“第二商品”者居多，而犹太人经营“第一商品”者居多。

不管犹太人的自我评价是否准确，事实就是世界各地经营餐馆和食品的是华人居多，而经营钻石、金银首饰和时装的是犹太人居多。

世界最有名的高级百货公司“梅西”公司，就是犹太人施特劳斯亲手创办起来的。

施特劳斯做过童工，还做过小商店的店员。他在打工生涯中注意到，顾客中多为女性，即使有男士陪着女性来购物，有决定购买权的也都是女性。

施特劳斯根据自己的观察和分析，认为做生意盯着女性市场前景更光明。当他积累了一点资金，自己经营小商店时，就是以经营女性时装、手袋、化妆品起步的。经过几年经营后，果然生意兴旺，利润甚丰。他继续沿着这个方向，加大力度，扩大规模，使公司的营业额迅速增长。施特劳斯总结了自己的经营经验，接着开展钻石、金银首饰等名贵产品经营。他在纽约的“梅西”百货公司，总共有6层展销铺面，展销时装的（绝大部分是女性的）占两层，展销钻石、金银首饰的占一层，展销化妆品的占一层，其他两层是展销综合类商品。可见，女性商品在“梅西”公司占了绝对多数。施特劳斯经过30多年的经营，把一间小商店办成世界一流的大公司，显然与其选择的女性目标市场有很大关系。

另外，让我们再看看钻石市场。人们都知道，南非是全世界最主要的钻石原料产地，而全世界最大的钻石产品加工市场却在以色列。以色列不出产钻石，却成为全世界最大的钻石加工地，这是很值得人们深思的。这里面的原因在于以色列的犹太商人慧眼独到，他们知道钻石经过加工后显得更华丽名贵，能博取全世界女性的欢心和仰慕。而当今世界大多数国家和地区的民族，虽然是男性掌权掌家，但他们中有很多人把自己赚来的钱交由妻子管理；有的男士虽然自己掌握财权，但为了显示自己对妻子或女友的爱，便大大方方地让她们随意花钱，以讨其欢心。因此，以色列的犹太商人不惜投资大办钻石加工工业，从南非等地进口原料。

以色列钻石交易有限公司经过几十年的经营，从无到有，从小到大，从国内经营到跨国经营，今天已成为世界最大最著名钻石加工企业，其钻石加工量占世界总加工量的60%，年经营额达40多亿美元。

不作存款

犹太人经商，从来“不作存款”，也就是说，他们有钱不会存入银行吃利息。在18世纪中期以前，犹太人热衷于放贷业务，就是把自己的钱放贷出去，从中赚取高利。到了19世纪后，直至现在，犹太人都选择把自己的钱用于高回报率的投资或买卖，也不肯把钱存入银行。

犹太人这种“不作存款”的秘诀，是一门资金管理科学。俗语讲：“有钱不置半年闲”，这是一条很有哲理的生意经。它说明做生意要合理地使用资金，千方百计地加快资金周转速度，减少利息的支出，使商品单位利润和总额利润都得到增加。

做生意总得要有本钱，但本钱总是有限的，连世界首富也只不过百亿美元流动资金。但一个大型企业，每年营业额可做几十亿美元，如果是超大型企业，每年要做几百亿美元的生意，而企业本身的资金，只不过几亿或几十亿美元。他们靠的是资金的不断滚动周转，把营业额做大。一个企业会不会做生意，很重要一条就是看其能否以较少的资金做较多的生意。

普利策是位在匈牙利出生的犹太人，17岁时到美国谋生。开始时在美国军队服役，退伍后开始探索创业路子。经过反复观察和思考后，决定从报业着手。可惜他既无资本，又无办报经验，如何能办起一家报纸并从中赚钱呢？对一般人来说，连想也不敢想。但普利策却坚定不移地往这个奋斗目标前进。

没有资本怎么办？他想：可以自行做工积累一点，然后靠运筹弄来一点。没有经验怎么办？他决定从实践中学。就这样，他千方百计找到圣路易斯的一家报社，向该老板求一份记者的工作。开始老板对他不屑一顾，拒绝了他的请求。但普利策反复自我介绍和请求，在言谈中老板发觉他机敏聪慧，勉强答应留下他当记者，但有个条件：半薪试用一年后再商定去留。

为了实现自己的目标，普利策全力投入记者工作。他勤于采访，认真学习和了解报馆各环节的工作，晚间不断地学习写作及法律知识。他写的报道不但生动、真实，而且严谨，不会引起社会的非议和抨击，吸引着广大读者。老板高兴地吸收他为正式工，第二年还提升他为编辑，他的收入也因此增多了，开始有了点积蓄。

几年后，普利策对报社工作了如指掌了，他决定用自己的一点积蓄买下一间濒临歇业的报馆，开始创办自己的报纸了，取名为《圣路易斯邮报快讯报》。普利策自办报纸后，资金严重不足，但他善于借用别人的力量，使用别人的资金，很快就渡过了难关。他怎么借用别人力量呢？

19世纪末，美国经济开始迅速发展，商业开始兴旺发达，很多企业为了加强竞争，不惜投入巨资搞宣传广告。普利策盯着这个焦点，调整办报方的报纸以经济信息为主，重视广告业务，承接多种多样的广告。就这样，他利用客户预交的广告费使自己有资金正常出版发行报纸，而且发行量越来越大。开办报纸5年，每年都为他赚15万美元以上。他的报纸发行量越多，广告也越多，报纸的收入进入良性循环。不久他发了财，成为美国报业的巨头。

普利策能够从两手空空到腰缠万贯，是一位做无本生意而成功的典型人物。他初时分文没有，靠打工挣的半薪，让节衣缩食省下的极有限的钱，一刻不闲地滚动起来。这就是“不作存款”和“有钱不置半年闲”的体现，是经商成功的一大诀窍。

怎么才能使钱不“置闲”呢？作为经营者要注意以下几个方面：

（1）善于分析市场走势，把钱投向回报率高的项目。

犹太人善于精打细算。把钱存入银行，年息最多也不过10%左右，而把钱投入生意中，如果利润回报率为10%，一年滚动周转4次，就可获得40%的增值。如果对市场走势观察分析得准确的话，每次周转会赢利30%或更多些，那么一年滚动周转4次，所得的利润便超过100%了。所以，犹太商人乃至普通犹太百姓，一般是不会把钱存入银行的，即使一时未寻到有利的投资目标，他们也宁可拿着现金，等待投资时机。

（2）善于营销，保证商品不积压。

在市场经济体制下的社会，经营者的生存与发展关键在于其商品不积压，经常保持“勤产勤进，快销快出”，这样就不会积压资金。商品一旦积压，既妨碍了扩大生产经营，又占用资金；要实现商品不积压，除保证产品的质量和款式外，很重要的一环是营销。根据营销学的原理，经营者要千方百计地满足消费者的需求，才能达到赢利的目的。在整个营销过程中，促销是一项至关重要的工作，正如“皇帝女儿要出嫁，还得相亲一句话”的道理一样，质优款新的产品要有得力的促销手段才能卖出好价钱。

（3）善于确保资金安全，防止因小失大。

从事生产经营，风险是时刻存在的。古人讲：“福兮福所伏，祸兮福所倚。”赢利是与风险并存并成正比的。如何化险为夷呢？

犹太人做买卖很有规矩。如规定交易必须订立合约，一切按合约上的条款办事；又如买卖过程中不放账，如要求放账必须提供银行担保或相应物业抵押等。他们绝不做那些以言代约，随随便便的“君子协定”

买卖。正因如此，他们不会遇到上当受骗现象。

犹太人有一句谚语说："老子与儿子也不能相信，只相信自己。"这个道理就出自以契约办事的习惯。

善用外语

过去人们往往认为外语是从事涉外工作人员必备的语言工具。这种观念产生于封闭式社会环境下，人们普遍不需要与外国人打交道，只有那些做外交工作的人才需要懂外语。

事实上，这种观念很片面，即使是生活在封闭式社会环境下的人们，也需要与世界进行一定的经济、文化和事务方面的交往。

在现代社会，经济、文化和科技的发展，早已冲破国界的范围，各个国家、各个民族相互沟通和交往日益密切。这种交往，最重要的是判断要准确、迅速。

跟犹太人打交道，首先让你吃惊的是他们的判断非常迅速和准确。原因何在？在于他们普遍掌握两种以上的语言。他们与外国人交往时，既能用本国文化语言思维考虑问题，同时也可以使用外国的语言文化思考斟酌相同的问题，这意味着他们的理解是从不同角度和习惯分析得出的，所以会更加准确而迅速，而且深刻得多。

犹太人自从失去家园，流散于世界各地后，千百年来他们不但能够在各地生存下去，而且涌现出许许多多的出类拔萃的人才，这与他们能够很好地运用当地的语言，并在此基础上了解和精通当地的文化和习俗，乃至各种法律和禁忌有关。这样，他们就能充分发挥自己的潜能，利用各种机遇，争取实现奋斗目标。比如犹太人哈同，他24岁在中国上海闯世界时，既没有专业知识，也不懂汉语，但他懂得生存和发展的道理。他知道，想要在中国经商发财，首先要懂得中国语言，然后通过熟练的中国语言，了解中国的国情和市场情况，从而采取适应中国市场的决策。

哈同带着首先学好中文的意识，从给别人看门做起，通过这份最底层的工作，广泛接触中国人学习中文。同时，他还利用晚间自学中文。没几年时间，他不但会讲中国话，而且对中国市场也有了较深的了解。待他积蓄了一点资本后，自己迅速开办洋行。由于他从外国来到中国，了解外国的商品市场行情，及时把外国价廉款新的商品引进到中国出售，又适时地把中国物美价廉的特产运到外国销售。因此，他很快走上发迹之路，成为富甲天下的巨贾。

从事科学和艺术事业的犹太人，就更注重掌握外语了。他们努力克服语言的障碍，吸纳人类的各种文明，增强自己的才智。爱因斯坦是生于德国、长于德国的犹太人，他除了精通犹太民族的希伯来语、德语外，还精通英语。

弗兰克尔是一位德国犹太人，是杰出的音乐家和法官。法律与音乐的学科是毫无关联的，但弗兰克尔却在这两方面都做出令人惊叹的业绩。他在柏林当了近10年的法官，是德国法律界颇有名气的人物。第二次世界大战期间，他来到中国上海工部局乐队任中提琴手，同时在上海国立音专任理论作曲教授，这两项工作他都干得十分出色，在我国音乐界也很有影响，这与他能熟练地掌握中国语言是分不开的。1947年，他到美国定居，由于精通英语，他很快被好莱坞聘任，专门为历史影片谱曲作词。外语不但成为他谋生的手段，还成为他事业成功的阶梯。

可见，掌握外国语言，对于一个人的事业成就是很有帮助的，因为语言是人类之间、民族之间和国家之间沟通感情和交流技术文化的桥梁。但是，语言是个十分复杂的问题，各个国家、各个民族甚至每个地区、城市都有自己的语言。据统计，全世界共有5651种语言，有文字记载的有3000至4000种。但语言与大自然生物界中某些生物濒临灭绝一样，在5000多种语言中，约有2400种已接近消亡或不被承认了。现在仍保留的各种语言中，使用人口超过100万的只有110种左右；使用得最广的仅有10种，它们是汉语、英语、俄语、西班牙语、印第语、日语、德语、阿拉伯语、法语和葡萄牙语。讲汉语的人最多，超过世界人口的1/5；其次是英语，有4亿人左右。

聪明的犹太人很懂得语言的重要性，特别是从商的犹太人，把掌握外语视为自己赚钱的资本，他们几乎都能熟练地掌握一种以上的外语，他们与外商接触不必通过翻译，这已成为犹太人经商成功的公开秘密了。

巧于谋算

与犹太人做生意，你会发现他们非常精于心算，不像其他欧美商人那样，简单的加减法也要用计算机或笔算。有一次，一位犹太服装商人到我国一家服装加工厂去参观，工厂的厂长陪着这位犹太商人参观，在参观过程中滔滔不绝地介绍本厂的产量和产值，那犹太人在一位女工作业台前停了下来，问厂长："这些女工每小时平均工资是多少美元？"

我们那位厂长一下被问住了，沉思了半晌后说："嗬，她们月薪平均1700元人民币，每个月工作25天，即每天68元人民币。一天工作8小时，即……"

我们的厂长尚未算出每小时的人民币工资数。那犹太商人却说："啊，每小时1美元，现在人民币对美元的汇率为8.50元比1美元。"

事实上，犹太商人都有这么一套心算本领，有人说他们有心算的天才。这位犹太服装商接着从厂长介绍的总产量、每个工人的日产量及每套服装的用料量，很快心算出每套服装的成本。换言之，从工厂的报价中，一下就算出其利润多少，从而确定他对工厂还价的对策。

犹太商人的心算本领，成为其对经营判断和对外谈判的有力工具。事实上，犹太人这种本领并非是天赋，而是训练得来的。他们从长期的经营实践中体会到"数中有术，术中有数"的道理。意思是说，经营者要重视对各种数量关系的分析，以便在数量的计算中寻求有效的对策和方法。

人类的一切生产活动，总是要表现为各种数量关系的。就以服装加工生产为例，工厂必须把一系列的数量关系搞清楚：做成各种规格的服装各需要多少尺寸的布料及有关辅料，每位工人或每台缝纫机一个工作日生产多少套服装，相关的包装费和管理费分摊到每套服装占多少，总成本为多少，资金回收期多长，等等。工厂的决策者只有把这些“数”算得清清楚楚了，才能合理地确定每种服装的价格，才能如期地实现自己的经营目标。

作为买家，当然首先要从自己的购买意图出发，确定选择什么样的花款品种和什么样的价格水平，才能适应自己经营的市场需求。但同样需要弄清楚被采购的产品相关的数量关系，才能有理有据地与卖家进行讨价还价的谈判，从中确保自己的利益。

做买卖，一切活动离不开精确的数量计算，满足于“估计”、“大概”、“差不多”，那容易产生偏误，甚至会成为一笔“糊涂账”，导致经营的失败。

著名牛仔裤品牌创始人李维·施特劳斯是个犹太人。因家境不佳，1870年跟随别人从德国到美国西部加入淘金热潮，希望能淘金发财。到了旧金山后，过了几星期的淘金生活，他发现那里人山人海，淘金者中确有人淘到黄金赚到了一些钱。但他想，每天从早到晚疲于淘挖不止，一个月也只不过获得几十美元。如果在矿场上做生意，供应给千千万万的矿工生活必需品，每100美元营业额赚得20美元，每天做100美元的生意，一个月足可以赚600美元。何况那么多的矿工在这里，每天何止做100美元的生意呢？

经过谋算后，李维决定不干淘金活了，自己开始摆摊卖凉水及一些小百货。果然不出所料，第一个月的经营，营业额达5000美元，他赚到超过1000美元的利润，比当一名淘金者多赚了几十倍的钱。以后，随着他经营的品种增多，赚钱也更多了。在此基础上，他推出了适合矿工需求的牛仔裤，很快走上致富之路。

可见，善于谋算是犹太商人成功的宝贵经验。

和气生财

与犹太商人打交道，你会发现他们总是呈现出一副笑脸，不管生意是否做成，甚至对合约有不同意见，他们总会边笑边表达出否定的态度。有时对方发脾气，双方不欢而散，犹太人还是会跟对方说声“再见”。要是第二天他再遇上你，就仿佛没有发生过不高兴的事，仍带着微笑问候你“早上好”。

犹太人这种和气态度，也许与该民族长期流散异乡和受尽迫害有关。这种和气的仪表，在人际交往之间却是一种有效的融合剂，很容易把对方吸引住。在商务活动中，实践证明，和气是一种促销手段。为什么这样说呢？因为人是群体动物，人与人的关系是否和睦，对事业影响很大。企业家制造出来的商品，因得人喜爱乐用而赚钱发财；政治家开展政治工作，因得人支持而受到拥护；歌唱家演唱得到观众赞赏，因得乐队的伴奏和观众的捧场接受……一切离不开人。犹太人领会这一道理，把人与人的关系处理好，是他们事业成功的重要技巧。

犹太人认为，在一个人的一生中，每天都在做着推销的工作。这种推销是指推销自己的创意、计划、精力、服务、智慧和时间，如能妥善地把握“推销自己”，定可以出人头地，获取奋斗目标的实现。相反，那些人生事业失败者，十有八九是本人不善于“推销自己”，而不是本身能力不足。

所谓善于“推销自己”，是指与人和谐相处的能力。根据心理学家的研究，认为人类的内心都有受人重视、被人接纳的愿望。不管是欧洲人、美洲人、亚洲人、大洋洲或非洲人，只要是人类，都有这种愿望。犹太人根据这种共同规律，在一切生活中，包括做生意的一切过程中，注意关切其周围的各种人，让他们看得出自己在关心他们，接纳他们。

犹太人这种处世原则是有根据的，人类都有基本愿望，概括地说，有保持自尊、独立的愿望。如要达到自己事业的成功或发财致富，就要尊重这些基本愿望。

犹太人总结过别人的经验：有人有一个很好的创意，他得意地向上司提出来，结果上司的反应冷淡；有人向同事直截了当地规劝，结果对方反觉不悦。为什么会好心得不到好的结果呢？因为有自尊、独立愿望在支配着上司和同事，你直截了当地对他讲，他会认为你有比别人高明的想法，他（她）会感觉自尊受到伤害。

假若你的创意或好建议能改用别的温和的办法表达，那么对方的自尊感得到尊重，良好的效果自然可以达到了。有鉴于此，犹太人运用了三条法则：

第一条法则：把自己的创意或建议变成对方的，这亦称为“钓鱼法”。即把你的创意或建议变成钓饵，对方会自然而然地上钩。比如说，你想让对方接受你的意见，“你这样想过吗？”的说法，要比“我是这样想的”更能打动对方；“试一试看看如何？”的说法比“我们非这样做不可”更能获得对方赞同。这就是让对方觉得，你的意思就是他的本意，他的自尊得到了接纳，那么你的创意或建议就容易被采纳。

第二条法则：让对方说出你的意见。“面子”不单是东方人才在意，西方人也很讲究，所以提意见要注意这个问题。如果你的意见毫不讲策略地给对方提出，出于“面子”问题，对方往往会本能地不予接纳。相反，你采用和顺委婉的方式提出，对方的“面子”堤围可能会自然开闸。如果你以冷静而温和的方式提出你的意思，然后说“虽作如是想，但可能有许多不当之处，不知你对这方面考虑的意见怎样”。这么一说，对方可能会完全接纳你的意思，并可能会说“我也这样考虑的，请你不必有多余的顾虑”。

第三条法则：以征求意见代替主张。根据心理学家的反复调查研究结果，一个人向对方表达同样的意见，如果以正面而断然的方法说出，较容易激起对方的逆反感情，如果以询问的方式向对方提出主张的话，对方会以为是自己的意思，往往会不自觉地欣然接受了。可见，表达的方式方法的不同，同样的意思会产生截然不同的效果。

和气生财的说法，道出了犹太人经商制胜的一个秘诀。它的核心是给人好感，用善意温和的态度与人交往，那么别人也会以此态度相报，生意就容易达成了。

忍耐制胜

孔子说过："小不忍则乱大谋。"看来犹太人是十分善于应用儒家的"忍"思想的，他们在2000多年的受迫害中所积累的忍耐精神，普遍应用到今天犹太人的商务活动乃至处世哲学中。

犹太人认为："忍一点晴空万里，让三分海阔天空。"

犹太人考夫曼能成为股市"神人"，与他顽强忍耐密不可分。他1937年出生于德国，1946年随父母来到美国定居。他刚到美国时不懂英语，进入学校读书十分困难。但他很有耐性，不怕别人嘲笑，大胆地与美国小朋友交谈，跟他们学习英语。他还利用课余时间补习英语，吃饭时和走路时也背诵英语词句。半年时间过去，他已经能熟练地讲英语了。他家境不佳，竟以半工半读形式读完了大学，并获得了学士、硕士和博士学位。在工作中，他不辞劳苦，刻苦钻研，从银行的最底层任职做起，直至成为世界闻名的所罗门兄弟证券公司的主要合伙人，首席经济专家和股票、债券研究部负责人。他对股市料事如神，成为美国证券市场的权威之一。

"世上无难事，只怕有心人。"忍耐是成功的信心表现。成功之途是崎岖曲折的，它不可能是畅通无阻的康庄大道。成功者的特长之一，是善于处理前进中的障碍，有坚韧不拔的忍耐力。"成功者是踏着失败而前进的"、"失败是成功之母"的哲理是意味深长的。英国大文豪

H.G.威尔斯，在他成为文豪前曾从事过近10种职业，但都一无所成。现代著名科学家克达林曾说："我的成功发明，每项都几乎经过99次的失败。"

在人生中，不尽如人意的事常会发生，每个人都没有悲观的必要，失败乃是成功必经的过程，关键要有决心和忍耐。昨天或今日的失败，并不意味最后的结局。理性地对待失败与错误，是自我教育和提高的有效途径。最可怕的是那些犯了错误就一蹶不振的人，因为如果没有了忍耐性，才是真正的失败者。美国通用汽车公司董事长亚弗列说："人生是试行错误的过程，不犯任何错误的人，是一无所成的人。"

爱迪生一生中有1000多项发明，他对待失败的态度是采取"消去法"。如有人问他经过许多次的试验仍终归失败时，是否感到气馁，他回答说："不，我抛弃了错误的试验，重新采取别的方法，绝不沮丧。"

犹太人面对失败、挫折，确立忍耐制胜的法则是：

（1）对"失败"持正确健康的态度，不要恐惧失败，要懂得失败乃是成功必经的过程。

（2）焦点不要对着过错与失败！应对准远大的目标，活用自己的过错或失败。

（3）遇到失败时，千万不能气馁，要坚韧不拔，矢志不渝。

（4）发现此路不通时，要设法另谋出路，使自己适应环境，顺应潮流。

（5）要善于抓住时机，巧于借势，耐心等待机遇。

时间观念

20世纪80年代中期，我国深圳蛇口提出“时间就是金钱”的口号。事实上，“时间就是金钱”这种说法在我国早已存在了。“一寸光阴一寸金，寸金难买寸光阴”早已成为人们的口头禅。我国唐朝学者李肇的《国史补》一书中讲了这样一个故事：

在崎岖不平的山间小道上，一辆载着瓦瓮的货车打滑不前，使得后面几十辆货车受阻。这些货车必须在半天内赶到前方一座小镇，否则，一笔生意就要“泡汤”。因此，大家都十分着急。这时，货主刘颇上前问：“车上的瓦瓮共值多少钱？”瓦瓮主答道：“八千钱。”刘颇略加思索，便叫随从给瓦瓮主如数付了款，然后和众人一起，将瓦瓮全部推下了山崖，使几十辆货车得以顺利通过。

刘颇摔瓮的故事启示人们：做生意必须有强烈的时间观念，必须懂得，时间就是金钱。

犹太商人很懂得时间的价值，认为时间也是一种商品。“勿浪费时间”是犹太商人的格言之一。他们认为“时间就是金钱”，他们每天工作 8 小时，常以1分钟多少钱的概念来激励工作。一个犹太人打字员，如果下班时间到了，即使剩下十几个字就可完成的文件，她也会立即放下工作下班。对于信奉“时间就是金钱”的犹太人来讲，浪费时间就等于浪费他们的商品，也等于浪费他们的钱。

很多犹太老板请员工做事，工薪是按小时计算的。犹太人会见客人，十分注意恪守时间，绝不拖延。客人来访，必须要预约时间，否则要吃闭门羹。犹太人对于突然来访是十分厌烦的，如果是做生意，可能会导致失败。

犹太商人的工作时间有个规律，每天早上上班后的第一个小时，称之为“发布命令时间”，他们利用这一小时处理昨天下班后至今天未上班时间送到公司的有关的文件。“现在是发布命令的时间”这句话，在犹太人中间已成了“拒绝会客”的公用语。“发布命令时间”结束后，就转入当天的工作和会见预约的客人。

犹太人把时间看得那么重，是有其道理的。时间是任何一宗交易都必不可少的条件。与对方签订供货合同时，要充分估计自己的交货能力，是否能按买方要求的质量、数量和交货期限履行合约。如可以办到，就与其签约；如办不到，切不可随意签约。

时间的价值还体现在赶季节和抢在竞争对手前卖出好价钱和占领市场方面。在竞争激烈的市场中，谁能在市场上一马当先，以质优款新的产品先问世，谁就能获得较好的经济效益。如电子手表，刚上市时每块售价几十美元乃至几百美元。当许多竞争者推出同类产品时，其每块售价只有几美元。又如人们日常所吃的蔬菜，在反季节时，售价数倍于盛产季节。为什么会出现如此大的反差呢？这显然是“时间”的价值。

一个企业的经营效益的高低，与其经营费用的多少是息息相关的。根据众多的企业核算发现，经营费用中有70%左右是花费在占用资金的利息上。如一个企业一年的营业额为10亿元，其资金年周转率为2次，言下之意，该企业每年占用资金为5亿元。按利息为12%（年息）计算，一年共支付利息达6000万元。如果该企业能把握一切时间和进行有效管理，使资金周转达到一年 4 次，那么，其支付的利息就可节省3000

万元，换句话说，该企业就可多赢利3000万元了。除此之外，加快货物购入和销出，加快货款的清收等，都体现了时间的价值。

跟犹太商人学珍惜时间吧，它能给你带来意想不到的收益。

积极进取

曹操有句名言："人苦不知足，既得陇，复望蜀。"意思是说人不该有知足的极限，而是要不断谋求更大的发展。确实，在人类发展的进程中，如果知足不前，那还会有今天高度文明的社会吗？不管是一个国家、一个民族、一个企业，抑或是一个人，都应该具有积极进取、永不停息的精神，才能在时代发展的潮流中不被时代淘汰。

犹太人是颇具积极进取精神的，他们在任何场合、任何环境、任何时间均保持着寻求积极面的意识，这是犹太人成功的秘诀。当然，他们在正视积极面的同时，并不是忽视否定面，而是敢于面对现实，绝不畏缩或自我陶醉。正因为犹太人具有积极进取的精神，遇到困难才总能设法把它转变为积极面，帮助自己克服困难。犹太民族在2000多年前失去了家园，流散在世界各地，但他们没有因此丧失了志气，丧失了民族的凝聚力，相反他们的进取精神却一代代地传下来，要为犹太复国而世代奋斗，终于在20世纪40年代中期建立了以色列。

犹太人对于个人的事业同样充满着积极进取精神，他们有碰触困难的勇气，敢于向厄运挑战。这种精神帮助许许多多犹太人在各个领域中出人头地。

罗斯柴尔德家族是犹太商人的典型。罗斯柴尔德家族的始祖名为梅耶·亚莫夏，少年时当学徒，由于积极进取，刻苦好学，很快自己开始经营古董商店，逐步积累资本。他利用欧洲工业革命的机遇，把资金、情报及自己的智慧融合，纵横于欧洲各国开展紧俏货物的买卖，不惜斥巨资开设银行，开展股票业务，投资铁路、矿业，甚至把自己 5 个儿子分散在伦敦、维也纳、法兰克福、巴黎、那不勒斯 5 大城市开设公司，很快把罗斯柴尔德家族办成一个跨国大财团。类似罗斯柴尔德家族的犹太商人，在世界许多地方都有，如连锁先驱卢宾，报业奇才奥克斯，好莱坞老板高德温，地产大王里治曼等，均是凭着一双空手，依靠积极进取精神，创立他们的企业的。

在科学技术方面，犹太人的伟大发明，也是举世闻名的。据历史记载，飞船的发明人是都柏林，但也有人证实是犹太人大卫・舒华滋发明的。大卫・舒华滋自己建造飞船，经过数次试飞，在接近成功时，不幸猝死，因此，都柏林伯爵向舒华滋的家人买下飞船的技术，完成具体的飞行，进而一举成名。

发明飞机的莱特兄弟能够名扬世界，在其背后也有一位犹太人奥多・利安达替他们开飞机。而发明直升飞机的，是犹太人亨利・斐纳。

据记载，发明有线电话者为葛拉汉・贝尔。但在贝尔发明成功之前16年，已经有犹太人试制成电话机，该电话机被收存在史密苏尼博物馆展示。

此外，有近百名获得诺贝尔奖的犹太人，如20世纪最伟大的科学家爱因斯坦、“氢弹之父”特勒、原子结构理论权威波尔、免疫学奠基人埃尔利希、化学名家赖希施泰因、著名化学家赫维西等，举不胜举。

又如杰出文艺专家有：世界著名画家毕加索、音乐大师马勒、文学巨匠比亚利克、杰出女作家米林、魔术大师霍迪尼……

犹太人中有那么多的出类拔萃的人物，很关键的一个原因，是他们形成了一种积极进取的民族精神，自幼接受了“我一定要有所作为”的积极观念。由于他们培养了成功的信心，所以能够努力学习，“不待扬鞭自奋蹄”。这种精神成为他们前进路上的“马达”，增强了他们面对现实和排除困难的信心和力量。

自我挖潜

拜耳是德国著名的科学家，曾获得诺贝尔化学奖。他从小勤奋好学，大学时是学习物理学和数学专业的。毕业后，他觉得自己才21岁，还有潜力多学习一些科学知识，于是又开始攻读化学。由于已有了坚实的物理学知识，学习化学进步很快，第二年（1857年）他就发表了对甲基氯的研究论文，初步显示出他对化学研究的潜能。

1872年，他在大学任教授时，从事教学工作的同时，还充分发挥自己的潜在智慧，开展对酞染料种类的研究，很快成为染料史上确定靛青性质和结构成分的第一位化学家。几年后，他进一步运用自己的学识和研究成果，研究出靛蓝的全部成分，并建立了著名的“拜耳碳环种族理论”。拜耳在花甲之年，还继续自我挖潜，编写了反映他的研究成果的著作《拜耳科学成就》。可以说，拜耳的一生是研究挖潜的一生，成果累累。

事实上，每个人都存在着“潜能”和“经验”，每个人都有其可发挥作用之处。拿破仑有句名言：“世上没有废物，只是放错了地方。”有许多人往往认为自己没有“经验”和“潜能”，没有成功的本领，这明显失之于消极。他们不懂得“经验”有直接经验和间接经验两种。直接经验是自己的实践总结，间接经验是别人的经验。有了经验可以少走弯路，事半功倍。为此，善于自我挖潜的人，懂得不断总结自己的经验，学习别人的经验，其失误就较少，工作效率也较高。有了经验的人，会懂得怎么去挖掘自己潜在的力量，不至于漫无方向，束手无策。

吸收知识不一定要从正规教育和教科书中得来，从艰难困苦中磨炼出来的经验、知识，比从课堂或书本上得到的会更有用。如美国总统林肯没有受过正规教育，但他的知识经验却是超群出众的；犹太人伯林纳没有读过大学，但他发明创造的技术比博士和一般科学家还多，他发明的电话受话器比爱迪生发明的还早，他也被称为“美国最有价值的一位公民”。这都是他们勤奋好学，善于总结自己和别人的经验，挖掘自己潜能的结果。

犹太人明白，人的经验和知识不是天生的，而是后天学习的。“人不是生而知之，教而后知”。一个人因生活或工作经验不足、知识不够而导致事业的失败，千万不要失望和气馁，而应该采取补救的办法，随时随地记你所当记的，学习你所当学的。如爱因斯坦，他虽然是一位杰出的科学家，但他同样感到自己的知识和经验的不足。他明白，知识的海洋浩瀚无边，仅数学这门学科，就分为许多专门领域，每个领域都足够一个人用一生的时光去研究。他在创立相对论时，深感自己的非欧几何知识不足，他没有因此放弃自己的奋斗目标，而是立志专攻非欧几何，补足这方面知识，最后终于创立了闻名世界的相对论。

不仅在科学技术领域，商业领域也是如此。许多商界的巨子，都是由于不断地努力充实自己的工作经验和知识，一步步地攀登到最高的位置，走上发迹之路。犹太人比奇特尔，从德国移民到美国时，既没有资金，又没有专业知识。为了生活，他从事一些家庭维修业工作，如厕所、水龙头、窗户的维修等。他没有经验，悄悄到一些工地观察别人是怎么运作工程的。他自己也找了有关的书籍学习这方面的知识。经过几十年的奋斗，比奇特尔公司发展成为世界级的建筑工程集团，年收入超百亿美元。

犹太人有一种好学风气，他们宁可克制自己的游乐和忍耐艰辛，而对充实本身的经验和知识却肯大量投资，绝对不会吝啬。他们明白，工作经验和知识的充实，可以把自己的潜能充分地带动出来，这将成为事业成功的财富。

总之，工作上的经验和知识，加上自身的潜能，是一个人的最宝贵财富，它将引导你走上成功的康庄大道，它是打开财富之库的钥匙。

精于借势

古人说：“下君之策尽自之力，中君之策尽人之力，上君之策尽人之智。”一个人能竭尽自己的能力去完成一项事业，这是难能可贵的。如果一个人没有自己的奋斗目标，又不肯付出自己的努力去实施自己的计划，这个人很难事业有成。但是，个人或团体，仅靠自己的力量是不足的，特别是在当今社会科学技术高度发达的情况下，知识门类很多，社会分工精细，一个人或一个团体所掌握的科学技术知识是极有限的。在某些科学技术乃至具体工作环节上，哪怕是最杰出的人物或团体，亦不可能独自完成，必须要借助别人的力量才能攻克。更为值得注意的，智慧的力量是无穷无尽的，尽人之力远不如尽人之智。

犹太人米歇尔·福里布尔经营的大陆谷物总公司，能够从一家小食品店发展成为一家世界最大的谷物交易跨国企业，主要因其善于借助先进的通信科技和善于借助大批懂技术、懂经营的高级人才。他不惜成本不断引进世界最先进的通信设备，宁肯付出极高的报酬聘请有真才实学的经营管理人才到公司工作。这样，使公司信息灵通，操作技巧精通，竞争能力总是胜人一筹。他虽然付出了很大代价取得这些优势，但他借助这些力量和智慧赚回的钱远比他的支出多得多，可谓“吃小亏占大便宜”。

我国三国时代的诸葛亮是位善于借势借力的能手，如他一手促成的联吴抗曹局面就是典型，还有“草船借箭”也是巧在“借”字。事实上，人类自从走上文明之路时起，一直在寻求借势借力的办法，正因为不断地创造出各种“借”的办法，才使人类不断走向文明。

杠杆原理便是人类“借”力的一种发明。随着时代的前进，人们知道把大小不同的杠杆加以组合，就可以用更小的力量举起更重的物体。今天，只要一个人坐在起重机的坐垫上，就可以吊起几十吨重的钢架。

任何一项成功的事业，都是借助外在的力量才使自身的能力发挥到最大效果的。所有大企业都有一个共同特长，就是有识人的眼光，能够发现员工的优点，把每一个员工的岗位都安排得十分恰当，使每个员工的力量和智慧能淋漓尽致地发挥出来。美国钢铁大王卡耐基曾预先写下这样的墓志：“睡在这里的是善于访求比他更聪明者的人。”的确，卡耐基能够从一个铁道工人发展成为钢铁大王，是他能够发掘许多优秀人才为他工作，使他的工作效能增值了成千上万倍的结果。

在科学技术领域也是一样，凡是获得成功者都有一套善于“借”的本领，牛顿曾说：“我成功靠的是站在巨人的肩上。”犹太人有那么多的学者能获得诺贝尔奖，有那么多科学家创造出世界级的发明，都是在前人创造的基础上升华的。如物理学家布洛赫，他能够在原子核磁场研究领域取得前人未有的成就，是与他得到著名物理学家、量子学奠基人海森堡的指导和影响分不开的。

总而言之，犹太人懂得任何事业都不能一步登天，但“登天”的办法却是多种多样的。办法得当，则可快捷省劲。善“借”力量，则是一种快捷省劲的窍门。

厚利适销

犹太人经商有一种与众不同的招数，就是从不做薄利多销的买卖，却做厚利适销的生意。

古今中外的生意经都有薄利多销的经营法门，但犹太商人认为进行薄利竞争，即如同给脖子套上绞索，是愚蠢至极的选择。

他们还认为，同行之间开展薄利多销的竞争才导致同归于尽的悲剧。商人总希望以比其他竞争者更低的价格多售出商品，这种心情是可以理解的。但考虑低价销售前，为何不考虑多获一点利呢？如果大家都相互以低价促销，厂商哪还能维持长久的经营？何况市场是有限的，消费者已买够了商品，价格再低也很少有人会买了。

犹太商人认为：在灵活多变的营销策略中，为什么不采取别的上策而采用了薄利多销的下下策？卖三件商品所得的利润只相当于卖出一件商品的利润，上策是以高价出售一件商品。这样，既可省了各种经营费用，还可保持市场的稳定性，并很快可以按高价卖出另外两件商品。而以低价一下卖了三件商品，市场已饱和了，你想多销也无人问津了，利润起码比高价卖出者少了很多，并毁了市场后劲。

犹太商人在经营活动中除了坚持厚利适销的做法外，为了避免其他商人薄利多销带来的冲击，他们宁愿经营昂贵的消费品，也不经营低价的商品。为此，世界上经营珠宝、钻石的商人中，以犹太人居多。犹太商人选择这个行业，显然是避开那些薄利多销的竞争者，因为这些竞争者一般没有资本或力量经营首饰类资本密集型商品。

犹太商人的厚利适销的营销策略，是以有钱人作为着眼点的。名贵的珠宝、钻石、金饰，一掷千金，只有富裕者才买得起。富裕者买得起，又讲究身份，对价格就不会那么计较。相反，如果商品定价过低，反而会使他们产生怀疑。俗语说“价贱无好货”，这句话在富有者心目中印象是最深的。犹太商人就是这样抓住消费者的心理，开展厚利策略经营。即使经营非珠宝、非钻石首饰商品，也是以高价厚利策略营销，如美国最大的百货公司之一梅西百货公司，它出售的日用百货品总要比其他商店的同类商品价高50%，它的生意仍比别人要好。

犹太商人的高价厚利营销策略，表面上从富有者着眼，事实上是一种巧妙的生意经。讲究身份、崇尚富有的心理在西方社会乃至东方社会，比比皆是。在富贵阶层流行的东西，很快就会在中下层社会流行起来。据犹太人统计和分析，在富有阶层流行的商品，一般在两年左右就会在中下层社会流行开来。道理很简单，介于富裕阶层与下层社会之间的中等收入人士，他们总想进入富裕阶层，为了满足心理的需求或出于面子原因，总要向富裕者看齐。为此，他们又购买时尚的高贵新品。而下层社会的人士，往往力不从心，价格高昂的商品消费不起，但崇尚富贵的心理作用总会驱使一些虚荣者采取行动，不惜代价也要购买。这样的连锁反应下，昂贵的商品也会成为社会流行品，金银珠宝首饰现在不是成为各阶层妇女的最爱了吗？可见，犹太商人的“厚利适销”的策略是“醉翁之意不在酒”，也是盯着全社会的大市场的。

犹太商人的“厚利适销”定价策略，是营销学中定价策略中的一种。在营销学中一般有五种定价策略：

（1）撇油定价策略。

这是一种以高于成本很多的定价投放新产品的策略。有些新产品由于率先推出，奇货可居，一般会采取这一策略。

（2）渗透价格策略。

这是一种与撇油定价策略相反的策略，把产品的价格定得很低，借以排除竞争对手，迅速地进占市场。

（3）折扣或让价策略。

这是一种通过变通办法给购买者以优惠并鼓励其积极购买和如期支付货款的价格策略。

（4）综合定价策略。

是指经营者根据市场竞争中的位置，采取综合定价办法，即有的产品价高，有的产品价低，或者把产品销售的有关因素都囊括进去，以利产品推销和开拓市场。

（5）心理定价策略。

这是一种为满足各种类型消费者心理的价格策略。人们在购买商品时具有多种不同的心理，有人出于实用性，有人出于好奇心，有人出于自尊心，有人为了显示富贵。针对这些心理定价，会对顾客的购买欲产生强烈的刺激作用。

犹太商人的厚利适销策略，是集心理定价与撇油定价策略于一身的策略。运用得当，就是高明的生意经。

以善为本

俄国银行业的金兹堡家族，从1840年创立第一家银行起，经过几十年的经营，在俄国开设了多家分行，并与西欧金融界建立了广泛的业务关系，发展成为俄国最大的金融集团。金兹堡像其他犹太富豪一样，在其发迹过程中注重做大量的慈善工作。他在获得俄国沙皇的同意下，在彼得堡建立了第二家犹太会堂。1863年，他又出资建立俄国犹太人教育普及协会，用他在俄国南部的庄园收入建立犹太人定居点。金兹堡家族第二代继承人继续把慈善工作做下去，曾把其拥有的欧洲最大图书馆的藏书捐赠给耶路撒冷犹太公共图书馆。

美国犹太商人施特劳斯，他从做商店记账员开始，步步升迁，最后成为美国最大的百货公司的总经理，在20世纪30年代成为世界闻名的巨富。他在事业成功的同时，也做了大量的慈善活动。除了关心公司职工的福利外，他曾多次到纽约贫民窟暗访，捐资兴建牛奶消毒站；并先后在美国36个城市给婴幼儿分发消毒牛奶。到1920年，他已经捐资在美国和世界各地设立了297个施奶站；他还资助建设公共卫生事业，1909年在美国新泽西州建立了第一个儿童结核病防治所；1911年，他到巴勒斯坦访问，决定将他1/3的资产用于在该地兴建牛奶站、医院、学校、工厂，为犹太移民提供各项服务。

诸如上述例子中的犹太商人还有很多，不一一列举。犹太商人如此乐于做善事，事实上也是一种生意经。他们大量地捐资为所在地兴办公益事业，会赢得当地政府的好感，对他们开展各种经营活动十分有利。有些犹太富商由于对所在国的公益事业有重大义举获得了褒奖，如罗斯柴尔德家族有人被英国王室授予勋爵爵位；有些犹太商人还获得当地政府给予优惠条件，如被允许开发房地产、开采矿山、修建铁路等，赚钱的路子从中得到拓宽。

犹太商人热心捐钱办公益事业，归根到底是一种营销策略，为企业提高知名度，扩大影响，赢得消费者的好感，起到了重大作用，对企业巩固已占有市场及今后扩大市场占有率将会产生积极影响。这种营销策略已广为人知并广为企业所采用，犹太商人高明之处在于100多年前已率先采用。

此外，犹太商人的经营策略把“以善为本”作为一项重要内容。人是群居动物，人与人关系的运用，对事业的影响很大。企业家因其商品或服务为人所欢迎而发财。可见，经商过程中的一切都离不开人。犹太商人明白这个道理，在一切经营活动中，都与人为善，把人与人的关系处理好，这成为他们成功致富的秘诀。